大学入試

うんこ英熟語 1000

1000
ENGLISH PHRASES
WITH UNKO

PREFACE

はじめに

英語を学ぶ上で最も大切な要素の１つである「英単語・英熟語学習」は地道な作業になりがちで，「ひたすら単語帳を見て」「覚える」という単調な行為の繰り返しになっているのが現状です。

受験勉強としてだけでなく，英語を身につけることが我慢と根気くらべの勝負になってしまうことは間違っていると私たちは考えています。楽しく効率的に英熟語を学べる方法があるならば，みなさんの英語の力は何倍も速く，力強く，伸びるはずです。

本書は「世界一楽しい大学受験用の英熟語帳」を目指して作られました。収録されている 1,000 語すべての例文に **「うんこ」** ということばを使用することで，笑いながら例文を読み，英熟語学習を進めることができるようになっています。

同時に，全国の最新大学入試問題をていねいに分析し，定期テストから難関大学の入試問題にも対応できるよう研究を重ねたうえで，掲載する 1,000 語の英熟語を決定しています。別売りの『大学入試　うんこ英単語 2000』で英単語を学習し，併せて本書で英熟語を学習することで，今後の人生で役立つ，総合的な英語力を身につけられるでしょう。

全国の受験生のみなさんが，本書の「うんこ例文」を通して，楽しみながら英熟語学習に取り組んでいただければ幸いです。確かな英熟語力を身につけ，大学受験合格を達成することを願っています。

文響社

CONTENTS

もくじ

FEATURES OF THIS BOOK

大学入試 うんこ英熟語 1000の特長

1 全例文でうんこの使用に成功！

英単語・英熟語学習は単調になりがちで，長続きさせるのが難しいものです。この問題を克服するべく，本書ではすべての例文に「うんこ」ということばを使用することに成功しました。

多種多様なうんこ例文を読みながら，楽しく効率的に英熟語を身につけることができます。

うんこ例文を楽しみながら，モチベーションを高めて受験勉強に取り組みましょう。

バスに乗るやいなや，父はうんこをもらした。

On boarding the bus, my father did unko in his pants.

入試問題を徹底的に分析して1,000語を選定！

過去５年分の全国の入試問題を徹底的に分析して，入試に頻出の英熟語を研究しました。本書で学習すれば大学入試に頻出の重要な英熟語を効率よく身につけることができます。

3

豊富な情報を掲載！

本書の魅力はうんこ例文だけではありません。英熟語の意味だけでなく，英熟語に関する一言アドバイス，類義語や反意語などの情報を豊富に掲載しました。本書で何度も学習することで，総合的な英熟語の知識が身につきます。

いくつもの～，
かなり多くの～
▶ ～は複数名詞か集合名詞で，複数扱い。
▶ number の前に large, small, huge
などを用いて「数の大小」を表すことができる。
英熟語の使い方や
ニュアンスなどの
一言アドバイス
人前で，公然と
類 publicly
反 in private「ひそかに，こっそりと」
類義語や反意語

4

巻末資料「英語 ▶ 日本語チェック」「日本語 ▶ 英語チェック」つき！

巻末資料には，本書に収録されている英熟語をセクションごとに再確認できる「英語 ▶ 日本語チェック」「日本語 ▶ 英語チェック」を収録しています。各セクションの学習が終わった後や，試験直前の最終チェックに使うことができます。繰り返し学習することで，英熟語をしっかりと身につけることができます。

COMPOSITION OF THIS BOOK

本書の構成

見出し語と英熟語の意味

大学入試で覚えておきたい英熟語の意味を掲載しています。学習するたびにチェックボックスに印をつけましょう。

類義語・反意語

見出し語の類義語や反意語を掲載しています。見出し語と併せて学習するようにしましょう。

一言アドバイス

見出し語が持つニュアンスや使い方などをまとめています。

SECTION 2

0101 **see (to it) that ～** □□□	～するように気をつける［取り計らう］
0102 **sound like ～** □□□	～のように思える 類 look like ～ 類 seem like ～
0103 **apply to ～** □□□	～に当てはまる ▶ apply to *do*は「～することを申し出る」。 ▶ apply *A* to *B*は「AをBに応用［適用］する」。
0104 **turn out (to be)** □□□	～であることがわかる，（結果的に）～になる ▶ It turns[turned] out that ～. の構文も使われる。 類 prove
0105 **consist of ～** □□□	～から成り立っている ▶ 進行形や受動態にはしない。 ▶ consist in ～「本来～にある」と混同しないように注意。 類 be composed of ～
0106 **manage to *do*** □□□	なんとか～する［やり遂げる］ ▶ can, could を用いないのがふつう。 ▶ succeed in *doing* よりもくだけた語。

46

QR コード

動画を視聴して正しい発音を確かめましょう。

入試の基礎を身につける

▶ 共通テストレベル 400 語

人のうんこを間違って持ち帰らないよう気をつけましょう。

See to it that you don't mistakenly take someone else's unko home.

その発言はうんこに対する偏見のように思えますが。

That statement sounds like prejudice against unko.

私が発見した法則は，この世の全てのうんこに当てはまるはずだ。

The principle I discovered should apply to all the unko in the world.

朝礼台に置いてあった物体は校長のうんこであることがわかった。

The object left on the morning assembly platform turned out to be the principal's unko.

代表のうんこを選出する委員会は，10 人のプロから成る。

The committee to select the representative unko consists of 10 professionals.

なんとか市長に私達のうんこを見てもらうことができた。

We managed to get the city mayor to look at our unko.

1 2 3 4

47

セクション表示

どのセクションを学習しているのかが一目でわかるようになっています。100 語区切りで効率よく学習しましょう。

うんこ例文

見出し語とその日本語訳を赤い文字にしています。赤シートで隠しながら学習しましょう。すべての例文に「うんこ」が使用されています。楽しみながら学習を進めましょう。

HOW TO USE THIS BOOK

本書の活用方法

本書を使った効果的な学習方法の一例です。人によって効果的な学習方法は異なるので，あくまで一例として参考にしてください。

1 英熟語の構成を確認

英熟語がどの単語で構成されているかを確認しましょう。言い換え可能な単語や省略することができる単語なども確認できます。

見出し語の構成を確認するのじゃ。

0085
in other words
□□□

2 英熟語の意味を確認

大学入試で頻出の英熟語の意味を厳選して示しています。

英熟語の使い方やニュアンスなどの一言アドバイスを載せている場合もあるので参考にしてください。

類義語や反意語を掲載している場合もあるので，併せて覚えるようにしましょう。

英熟語の意味や関連語などを覚えるのじゃ。

言い換えれば，つまり

例文の確認

例文は日本語が上，英語が下に並んでいます。日本語のうんこ例文を読んで，下線の部分を英語にするとどんな英熟語が入るかを考えてから英語の文を確認しましょう。部分英作文の力を身につけることができます。

英語の例文を読む

英語の文をよく読んで，英熟語がどのように使われるのかを確認しましょう。例文はすべて文の形になっています。例文を読み込むことで読解の力も育てることができます。

英語の例文を読んで，日本語の意味を考えることも効果的です。

赤シートで隠しながら何度も例文を読むのじゃ。

うんこは取り扱いに細心の注意が必要なもの，言い換えれば危険物だ。

Unko requires the utmost care when handling; in other words, it's a dangerous object.

くりかえし学習する

①〜④の手順でくりかえし学習しましょう。英熟語学習はくりかえしコツコツと進めることが効果的です。100 語区切りのセクションごとに，何度もうんこ例文で英熟語を学習しましょう。

SYMBOLS
AND
NOTATION

記号と表記

記号について

[　　] 言い換え可能

(　　) 省略可能・補足説明など

言い換えできる表現
も身につけるのじゃ。

表記について

S 主語

V 動詞

A B 対照的な語(句)

類義語・反意語

類 意味の似ている英単語・英熟語です。

反 反対の意味の英単語・英熟語です。

PRONUNCIATION VIDEOS

音声動画について

各見開き右上の QR コードを読み込むと，見出し語として掲載されている英熟語の動画を見ることができます。
動画では，見出し語の英熟語が 2 回ずつ読まれます。本文を見ながら動画を視聴して，英熟語の発音を確認しましょう。
動画に合わせて発音練習をして，正しい発音を身につけましょう。
以下のウェブサイトからも動画にアクセスすることができます。

＼ 笑いながら学べるweb学校 ／

うんこ学園

「うんこ学園」で検索！

うんこ学園

https://unkogakuen.com/

左のウェブサイトからも
動画にアクセスすることが
できるぞい！

※お客様のネット環境，端末などによりご利用いただけない場合がございます。
※本サービスは予告なく変更・休止・終了することがあります。
※ QR コードは㈱デンソーウェーブの登録商標です。

HOW TO USE THE PHRASE LIST

巻末資料の使い方

・セクションごとに英熟語がアルファベット順に並んでいます。

・まずは英語を見て日本語の意味を思い出せるかを，赤シートを使いながら確認しましょう。

・覚えている英熟語にはチェックボックスに印をつけておき，印がつかなかった英熟語を本文に戻って例文とともに再確認しましょう。

英語
▼
日本語
チェック

大学入試 うんこ英熟語1000 総復習
『英語 ▶ 日本語チェック』

本書に収録されている英熟語をセクションごとに並べています。
きちんと覚えているか確認しましょう。
日本語の右の数字は各英熟語の番号を示しています。

PART 1　SECTION 1

1	☑	a few ~	少しの～，少量の～	0048
2	☑	a number of ~	いくつもの～，かなり多くの～	0051
3	☐	a variety of ~	（同一種類のもので）さまざまな～，いろいろな～	0052
4	☑	according to ~	～によれば	0088
5	☑	after all	結局（は），やっぱり	0072
6	☐	agree with ~	（人・考えなど）に同意する，（気候・食物などが）～に合う，～に一致［適合］する	0041
7	☑	(all) on *one's* own	（全て）独力で，（全て）自分1人で	0076
8	☐	all over (~)	（～の）至る所に［で］	0099

321～380ページ「英語▶日本語チェック」および,

381～440ページ「日本語▶英語チェック」の説明と使い方です。

・次に日本語の意味を見て英語を思い出せるかも，確認しましょう。
・日本語の意味を見て英語が出てくれば，英作文でも英熟語が使えるようになります。
・各セクションの学習が終わったタイミングや試験前などに，英熟語が身についているかどうかを定期的に確認するようにしましょう。

日本語▼英語チェック

大学入試 うんこ英熟語1000 総復習
『日本語▶英語チェック』

本書に収録されている英熟語をセクションごとに並べています。
きちんと覚えているか確認しましょう。
英語の右の数字は各英熟語の番号を示しています。

PART 1 SECTION 1

1	☑	少しの～，少量の～	a few ～	0048
2	☑	いくつもの～，かなり多くの～	a number of ～	0051
3	☑	(同一種類のもので) さまざまな～，いろいろな～	a variety of ～	0052
4	☑	～によれば	according to ～	0088
5	☑	結局 (は)，やっぱり	after all	0072
6	☐	(人・考えなど) に同意する，(気候・食物などが) ～に合う，～に一致［適合］する	agree with ～	0041
7	☐	(全て) 独力で，(全て) 自分1人で	(all) on *one's* own	0076
8	☑	(～の) 至る所に［で］	all over (～)	0099

1000 ENGLISH PHRASES WITH UNKO FOR HIGH SCHOOL STUDENTS

EXPRESSING UNKO

うんこの表記について

「うんこ」は英語でpoopなどと言いますが，この本ではunkoと表記しています。

unkoは不可算名詞として扱っています。

まずは「うんこ」を使った英語の表現をいくつか確認しておきましょう。

うんこをする

↓

do unko

うんこをもらす

↓

do unko in *one's* pants

1つのうんこ

↓

a piece of unko

2つのうんこ

↓

two pieces of unko

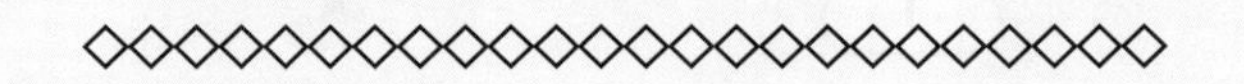

PART 1

入試の基礎を身につける共通テストレベル400語

大学入試に臨むために必要な英熟語400語じゃ。共通テストで高得点を取るためにも，確実に身につけるのじゃ。

SECTION 1

0001

used to *do*[be]

□□□

よく～したものだった,
昔は～であった

▶「今はそうでない」の意味を含む。

▶ be used to *doing*「～に慣れている」と区別する。

0002

tend to *do*

□□□

～しがちである,
～する傾向がある

類 **be apt to *do***

類 **be inclined to *do***

類 **have a tendency to *do***

0003

lead to ～

□□□

～へ通じる,
～を引き起こす

▶ lead A to Bは「AをBに導く」。この場合のleadは他動詞。

0004

focus on ～

□□□

～に焦点を合わせる,
～に集中する

▶ focus A on Bは「AをBに集中させる」。この場合のfocusは他動詞。

0005

refer to ～

□□□

～を参照する,
～に言及する

類 **make reference to ～**

0006

think of ～

□□□

～のことを考える,
～しようかなと思う

▶ 進行形で使うことも多い。

▶ 共通テストレベル 400 語

学生時代，この駅の辺りでよくうんこをもらしたものだ。

I **used to** do unko in my pants around this station in my student days.

若者は，堂々とうんこについて語る有名人を好む傾向がある。

Young people **tend to** like celebrities who speak openly about unko.

こんな場所でうんこをし始めたらパニックを引き起こしてしまうだろう。

If you start doing unko in a place like this, it could **lead to** a panic.

そろそろ会議の本来の主題である「うんこ」に焦点を合わせませんか？

It's about time we **focused on** the main theme of this meeting, unko, don't you think?

父は，自分の過去のうんこの写真を何度も参照しながらうんこをする。

My father **refers to** old photos of his past unko over and over while he does unko.

不安があるときはうんこのことを考えるとよいでしょう。

When you're feeling uneasy, you should **think of** unko.

0007

decide to *do*

□□□

～しようと決心する

▶ これより強い決意は resolve to *do*。

類 **make up *one's* mind to *do***

0008

look for ～

□□□

～を探す

類 **search for ～**

0009

help ～ (to) *do*

□□□

～が…するのを手伝う

▶ to を省くのは主に米だったが，今では英でも用いられる。

0010

come from ～

□□□

（場所）の出身である，～に由来する

▶ 当該者が存命中は現在形で用いる。

0011

learn to *do*

□□□

～できるようになる

▶ 自分の努力で習得する場合に用いる。

類 **come to *do***

0012

go on

□□□

（時間が）過ぎる，（状況などが）続く

▶「～をし続ける」で，後に名詞が続けば〈go on with＋名詞〉，動詞が続けば〈go on *doing*〉になる。

▶ go on to *do*は「さらに続けて（別のこと）をする」の意味。

0013

fail to *do*

□□□

～することに失敗する

類 **omit to *do***

選手たちは，試合開始と同時に一斉にうんこをしようと決心した。

The players decided to all do unko together as soon as the match started.

あなたのうんこの価値を理解してくれる人を探すべきだ。

You should look for someone who can understand the value of your unko.

先生がうんこを屋上に運ぶのを，みんなで手伝った。

We all helped the teacher carry the unko up to the roof.

この奇妙なうんこをしたのは，オハイオ州出身の男性らしい。

The person who did this piece of mysterious unko is a man who comes from Ohio.

やっと宙返りしながらうんこができるようになった。

I finally learned to do unko while doing a flip.

机の上のうんこを全員が見つめたまま，時間だけが過ぎていった。

Time went on as we all gazed at the unko on the desk.

2 階のベランダからうんこの上に着地することに失敗した。

I failed to land on the unko when I jumped from the 2nd-floor balcony.

1
2
3
4

0014

fill in ～

□□□

～を埋める,
～を書き入れる

類 **fill out ～**

0015

result in ～

□□□

～という結果になる

0016

contribute to ～

□□□

～に貢献する,
～に寄付［寄稿］する

▶ よい意味でも悪い意味でも使う。

0017

rely on[upon] ～

□□□

～に頼る

▶ depend, count のほうが一般的な語。

類 **depend on[upon] ～**

類 **count on[upon] ～**

0018

grow up

□□□

大人になる,
（事態などが）生じる

▶ growだけだと「体が大きくなる,
背が高くなる」というニュアンスになる。

0019

end up ～

□□□

最後には～になる

▶ upの後には in, with, *doing*などが続く。

0020

look like ～

□□□

～のように見える

類 **appear**

類 **seem like ～**

うんこをしたい方はこちらの3枚の書類に必要事項をご記入ください。

Those who wish to do unko, please **fill in** the necessary items on these three documents.

ライオンと一緒にうんこをするイベントは，悲劇的な結果に終わった。

The event where people could do unko with a lion **resulted in** tragedy.

彼の登場は，日本のうんこ文化の活発化に貢献した。

His appearance **contributed to** the development of Japan's unko culture.

このうんこの山は，重機に頼らず，人間の力で積み上げられた。

This tower of unko was erected by human strength without **relying on** heavy machinery.

きみたちも大人になればば彼のうんこの偉大さがわかるだろう。

You guys will understand the greatness of his unko when you **grow up**.

彼らは私の忠告を聞かなかったため，最後にはうんこまみれになった。

They didn't listen to my warning and **ended up** covered in unko.

目撃者によれば，犯人の顔はうんこに似ていたそうだ。

According to the eyewitness, the culprit's face **looked like** unko.

0021

make it

□□□

間に合う，うまくやる，成功する，出席する

▶ 文脈に応じていろいろな意味になる。

0022

worry about ～

□□□

～のことで心配する

▶ 悩み苦しんでいる状態は受動態で表す場合が多い。

0023

give up ～

□□□

～をあきらめる，～を捨てる［やめる］

▶ give ～ upの語順も可。

0024

deal with ～

□□□

～を扱う，～を処理する

▶ deal in ～「（商品）を商う」と混同しない

0025

find out ～

□□□

（調査などの結果）を見つけ出す，（真相）を知る

▶ find ～ outの語順も可。

類 **discover**

0026

take place

□□□

起こる，催される

▶ 主に，予定された行事，予想された出来事が行われるときに使う。

0027

happen to *do*

□□□

偶然～する

▶ It happens[happened] that ～. の形に書き換えることができる。

類 ***do* by chance**

父がうんこさえもらさなければフライト時刻に間に合ったのに。

We would have **made it** to the flight on time if my father hadn't done unko in his pants.

家に置いてきたうんこのことが心配で，授業が耳に入らない。

I'm so **worried about** the unko I left at home that I can't pay attention to the class.

大統領のうんこを見るのはもうあきらめたらどうだ。

It's about time you **gave up** on seeing the president's unko.

スティーブンはいい青年だが，このレベルのうんこを扱うにはまだ若すぎる。

Steven is a nice young man, but he's still too young to **deal with** unko of this level.

うんこがモニターに表示されない原因が全く見つけ出せない。

I'll never **find out** the reason the monitor won't display unko.

オリンピックが催される都市でうんこをするのは，私のライフワークだ。

Doing unko in cities where the Olympics **take place** is my lifework.

親友と同時刻に偶然うんこをもらした。

I **happened to** do unko in my pants at the same time as my best friend.

0028

point out ～

□□□

～を指摘する

▶ point ～ outの語順も可。

▶「～を指さす，～を指し示す」は point to[at] ～。

0029

work for ～

□□□

～で働く

▶ for は「～のために，～に雇われて」の意味を表す。

0030

pick up ～

□□□

～を（車などに）乗せる，～を拾う

▶ pick ～ upの語順も可。

▶「（電話など）に出る」という意味もある。

0031

get ～ to *do*

□□□

～に…させる

0032

pay for ～

□□□

～の代金を支払う

0033

come up with ～

□□□

（解決策など）を思いつく

▶「～に追いつく」という意味もある。

類 think of ～

類 hit on[upon] ～

0034

search for ～

□□□

～を探す［捜す］

▶ search for a houseは「家はどこかと探す」，search a houseは「家の中を捜す」の違いに注意。

類 look for ～

人のうんこの欠点ばかり指摘する癖は直したほうがいい。

You should fix your habit of always pointing out bad points about people's unko and nothing else.

もっとのびのびとうんこをさせてくれる職場で働きたい。

I want to work for a company where I can do unko more freely.

親切な人が，うんこまみれのぼくたちを車の荷台に乗せて行ってくれた。

A kind person picked us up and let us ride in the trunk of his car even though we were covered in unko.

スーパーコンピューターにこのうんこを分析させてみよう。

Let's try getting the supercomputer to analyze this piece of unko.

この州では，うんこをするたびに料金を支払わねばならない。

In this state, you have to pay for it every time you do unko.

そのとき私はうんこをもらさずにすむ唯一の方法を思いついたのだった。

That was when I came up with the one and only way to get through it without doing unko in your pants.

私は常に自分に刺激を与えてくれるうんこを探している。

I'm always searching for unko that will stimulate me.

1
2
3
4

0035

encourage ~ to *do*

□□□

～に…するように説得する

0036

carry out ～

□□□

～を実行する

▶ carry ～ outの語順も可。

0037

participate in ～

□□□

～に参加する

▶ take part in ～, joinより堅い表現。

類 take part in ～

0038

would like to *do*

□□□

～したいのですが

▶ want to *do*よりも丁寧な表現。

0039

enable ～ to *do*

□□□

～が…するのを可能にする

0040

figure out ～

□□□

～を理解する,
～を計算する, ～を解く

▶ figure ～ outの語順も可。

▶ 主に米でくだけた表現として使う。

0041

agree with ～

□□□

（人・考えなど）に同意する,（気候・食物などが）～に合う, ～に一致［適合］する

▶ 合意した上での行動を伴うagree to ～と区別する。

今回こそ，彼に試合前にうんこに行っておくよう説得した方がいい。

This time, we really should **encourage** him **to** go do unko before the match.

その指令が実行されれば，世界中のうんこは消えてなくなってしまうだろう。

If that order were **carried out**, the world's unko would most likely vanish.

うんこが長引きすぎて，競技に参加できなかった。

My unko took too long, so I couldn't **participate in** the competition.

できればそこの庭でうんこをさせてもらいたいのですが。

I**'d like to** do unko in the yard over there if you don't mind.

きみのうんこだけが，彼の信念を変えることを可能にする。

Your unko alone will **enable** us **to** change his beliefs.

どうやってこんな場所にうんこがはまってしまったのか理解できない。

I can't **figure out** how unko got stuck in a place like this.

人はそれぞれ自分らしいやり方でうんこをするべきという意見に賛成だ。

I **agree with** the opinion that people should all do unko in their own way.

0042

wait for ~

□□□

～を待つ

0043

suffer from ~

□□□

（病気など）に悩む，
～で苦しむ

0044

fit in ~

□□□

～に適合する，
～に調和する

0045

be related to ~

□□□

～に関係する

▶ 前置詞が toである点に注意。

類 **be connected to[with] ~**

0046

be likely to *do*

□□□

～しそうである

▶ likelyの前に very, more, less などの副詞が付くことも多い。

類 **be apt to *do***

類 **be liable to *do***

0047

be based on[upon] ~

□□□

～に基づいている

0048

a few ~

□□□

少しの～，少量の～

▶ 不可算名詞の場合は a little, some などを用いる。

▶ a fewは少しはある，fewは ほとんどないという意味を表す。

客たちは，ボーカルがうんこから戻るのをもう何時間も待っている。

The audience has been waiting for the vocalist to come back from doing unko for hours.

頭痛でお悩みでしたら，うんこを見つめるといいですよ。

If you're suffering from a headache, you should gaze at unko.

そのうんこは，鍵穴にぴったりと適合した。

The piece of unko fit perfectly in the keyhole.

皆が不機嫌な理由はリドリーのうんこに関係している。

The reason everyone is in a bad mood is related to Ridley's unko.

今年の入試では，さらにうんこをもらす生徒が増えそうだ。

Even more students are likely to do unko in their pants during this year's entrance exam.

彼の風変わりなうんこのやり方は，父の教えに基づいている。

His eccentric way of doing unko is based on his father's teachings.

うんこ 10 個程度なら，数分あれば調達できますよ。

If all you need is about ten pieces of unko, I can procure them in a few minutes.

0049

at work

□□□

仕事中で［の］, 職場で

反 **off work**「仕事を休んで」

0050

similar to ～

□□□

～と似ている

反 **different from** ～「～と異なる」

0051

a number of ～

□□□

いくつもの～,
かなり多くの～

▶ ～は複数名詞か集合名詞で, 複数扱い。

▶ numberの前に large, small, huge などを用いて「数の大小」を表すことができる。

0052

a variety of ～

□□□

（同一種類のもので）
さまざまな～, いろいろな～

▶ ～は複数名詞か集合名詞。

0053

kind[sort] of (～)

□□□

ちょっと（～）,
なんとなく（～）

▶ 副詞句として形容詞・動詞を修飾する。その場合は冠詞は付けない。

▶ a kind[sort] of ～は「一種の～」。

0054

as well

□□□

～もまた

▶ 文末に置くことが多い。

0055

at least

□□□

少なくとも

▶ at the (very) leastもときには使われる。

人が仕事中に真横でうんこをするのはやめてもらえませんか？

Could you stop doing unko right next to me at work?

ジュリアのうんこに対する考え方は誰とも似ていない。

Julia's perspective on unko is similar to no one else's.

店内にはいくつものうんこが無造作に転がっていた。

A number of pieces of unko were scattered carelessly about the store.

修学旅行では，実にさまざまなうんこを見ることができました。

I was able to see a great variety of unko on the school trip.

さっきはああ言ったものの，実はちょっとうんこに興味がある。

Despite what I just said, I'm actually kind of interested in unko.

学校は学びの場だが，うんこをする場として考えることもまた可能だ。

School is a place for learning, but it can be considered a place to do unko as well.

少なくとも5,000人の市民がうんこを持ってデモに参加しています。

At least 5,000 citizens carrying unko are participating in the protest.

1
2
3
4

0056

on *doing*

□□□

～するやいなや

▶ in *doing*は「～するとき」。

0057

in addition to ～

□□□

～に加えて

類 besides

類 along with ～

類 together with ～

類 on top of ～

0058

in order[so as] to *do*

□□□

～するために

▶ 単に不定詞を使うだけよりも，目的をはっきりさせるときに使われる。

▶ 肯定文では to *do*のみでもよいが，否定を含む目的を表す「…しないように」では in orderや so asを省略せず，in order [so as] not to *do*の語順で用いる。

0059

too ～ to *do*

□□□

…するには～すぎる

0060

such (a[an]) ～ …

□□□

それほど～な…

▶ ～ …には〈比較変化する形容詞＋名詞〉が来ることが多い。

0061

enough to *do*

□□□

～するのに十分な

0062

no longer ～

□□□

もはや～ない

▶ not ～ any longerよりも強意的。

類 not ～ any longer

バスに乗るやいなや，父はうんこをもらした。

On boarding the bus, my father did unko in his pants.

練習不足に加えて，私たちのチームは全員うんこをがまんしていた。

In addition to having insufficient practice, our whole team was holding in their unko.

きみの友人を喜ばせるためにも，そのうんこを持ち帰ってあげるべきだ。

In order to please your friend, you should take that unko home with you.

その物体は，うんこと呼ぶにはあまりにも巨大すぎた。

That object was far too large to call a piece of unko.

うんこの知識は，義務教育にしてもよいほど重要だ。

Knowledge of unko is such an important asset that it would be a good idea to make it part of compulsory education.

生徒全員に配るのに十分な数のうんこが用意できた。

I was able to gather enough pieces of unko to pass one out to every student.

もはやうんこをもらして恥ずかしいという感情などない。

I no longer feel embarrassed when I do unko in my pants.

0063

as a result

□□□

結果として

類 as a consequence

0064

much[still] more ~

□□□

はるかにずっと~

0065

in the future

□□□

将来は，今後は

▶ future には near, immediate, distant, remoteなどいろいろな形容詞も付く。

類 from now on

0066

for example [instance]

□□□

例えば

▶ e.g.と表記することもある。これはラテン語 exempli gratiaの略。

0067

in fact

□□□

実際は

▶「そして実際は」のほかに，「ところが実際は」のニュアンスもある。

類 in reality

類 in (all) truth

0068

in the past

□□□

過去に

0069

at (the) most

□□□

せいぜい，多くても

▶「数量・程度」について使う。

サムは SNS に自分のうんこの写真を上げ続け，結果として 1,000 万人のフォロワーを得た。

Sam kept posting pictures of his unko on social media and, **as a result**, got 10 million followers.

この夕焼けよりもはるかにずっと美しいうんこをぼくは知っている。

I know a piece of unko **much more** beautiful than this sunset.

あなたは将来うんこに関係する大きな事業を成功させるでしょう。

You will have success in a big business related to unko **in the future**.

例えばジョエルやイーサンのように，うんこを見たことがないという人もいる。

For example, there are some people who have never seen unko, like Joel and Ethan.

政府はうんこが不足していると発表したが，実際には大量にストックしていた。

The government announced that there wasn't enough unko, but **in fact** they had a large store of it.

過去にしたうんこのことをいつまでも考えるのはよそう。

You need to stop dwelling on unko that you did **in the past**.

彼がいくらよくうんこをもらすと言っても，せいぜい週に 1, 2 度だと思っていた。

I had heard that he did unko in his pants often, but I had imagined once or twice a week **at most**.

0070

from ~ on [onward(s)]

□□□

～から以後は

▶ on[onward(s)]は継続を表す副詞。

0071

as ~ as possible [*one* can]

□□□

できる限り～

▶ ～は副詞，形容詞，または形容詞を伴う名詞が来る。

0072

after all

□□□

結局（は），やっぱり

▶ after all is said and doneという言い方もある。

▶ at the end of the dayもほぼ同じ意味の口語表現。

0073

in all

□□□

全部で

類 all told

0074

at first

□□□

はじめは

反 at last「ついに」

0075

over time

□□□

長い年月をかけて

0076

(all) on *one's* own

□□□

（全て）独力で，
（全て）自分１人で

類 (all) by *oneself*

類 without anyone's help

今後，校庭でのうんこは原則禁止となります。

From now **on**, doing unko in the schoolyard is basically prohibited.

できる限り有名な人に自分のうんこを見てもらいたかったんです。

I wanted to have **as** famous a person **as possible** look at my unko.

いろいろな国のうんこを見てきたが，結局はブラジルのうんこが一番だ。

I've seen the unko of many countries, but Brazil's is the best **after all**.

その小説家は全部で 700 冊におよぶうんこの本を執筆した。

The novelist penned 700 books on unko **in all**.

はじめは，数分だけ彼のうんこを見たら帰るつもりだった。

At first, I had intended to look at his unko for just a few minutes and go home.

村人が長い年月をかけて積み上げたうんこが一晩で流されてしまった。

The unko that the villagers had accumulated **over time** was washed away in a night.

彼が独力で作ったうんこの動画が，世界中で何億回も再生された。

The unko video he made **all on his own** was played hundreds of millions of times throughout the world.

1 1 2 3 4

0077

each other

□□□

お互い

▶ one anotherとほぼ区別なく使われる。

類 **one another**

0078

one another

□□□

お互い

類 **each other**

0079

B* as well as *A

□□□

Aだけではなく Bも

▶ 全体が主語の場合は，動詞は Bに一致。

▶ Bのほうに意味上の重点がある。

▶ not only *A* but (also) *B*とは *A*，*B*の位置が逆。

0080

both *A* and *B*

□□□

Aも Bも両方

▶ ***A***，***B***はふつう文中で同じ働きをする語句。

反 **neither *A* nor *B*** 「**A**も **B**も両方ない」

0081

even if ～

□□□

たとえ～でも

▶ thoughよりも穏やかな言い方。

0082

so ～ that ...

□□□

(結果を表して)
非常に～なので…

▶ so that ～「～するために」との混同に注意する。

0083

as if[though] ～

□□□

まるで～のように

▶ as if節と主節の時制に注意する。

▶ it's not as if[though] ...は，「…であるわけではない」の意味。

2 人のラッパーがお互いのうんこをけなし合っている。

Two rappers are dissing each other's unko.

お互いにリスペクトがなければうんこの交換は成立しない。

An exchange of unko will never succeed between people who don't respect one another.

選手だけではなく審判もうんこをもらしている。

The referees as well as the players are doing unko in their pants.

うんこも火薬も両方とも機内への持ち込みは禁止です。

Both unko and gunpowder are forbidden on the plane.

たとえ大統領を連れて来たとしても彼はうんこをやめないだろう。

He wouldn't stop doing unko even if you brought the president.

本番では非常に緊張してしまって，うんこがなかなか出なかった。

I was so nervous during the actual match that unko just wouldn't come out.

彼はまるで自慢するようにうんこを掲げて町内を走り回った。

He held unko aloft and ran around the town as if bragging.

1
1
1
2
1
3
1
4

0084

on the other hand

□□□

他方では，これに反して

▶ on (the) one handは「一方では」。

0085

in other words

□□□

言い換えれば，つまり

類 namely

類 that is (to say)

類 to put it another way

0086

so that ～ will [can] *do*

□□□

（目的を表して）～が…する［できる］ように

▶ thatが省略されることもある。

0087

such as ～

□□□

～のような

0088

according to ～

□□□

～によれば

0089

rather than ～

□□□

～よりもむしろ

▶ *A* rather than *B*は rather *A* than *B* でも可。

0090

owing[due] to ～

□□□

～のために

▶ owing to ～は堅い表現。

類 because of ～

父はこの物体をいん石だと言う。他方，専門家はこれをただのうんこだと言う。

My father says this object is a meteorite. On the other hand, the experts say that it's just a piece of unko.

うんこは取り扱いに細心の注意が必要なもの，言い換えれば危険物だ。

Unko requires the utmost care when handling; in other words, it's a dangerous object.

うんこが後ろの席からも見えるように少し位置を動かしてもらえますか？

Could you move the unko a little so that the people in the seats in the back can also see it?

エジソンやガンジーのような偉人でもうんこをもらしたはずでしょう。

Even greats such as Edison and Gandhi must have done unko in their pants.

同級生によれば，彼はこんな場所でうんこをする生徒ではなかったそうだ。

According to a classmate of his, he wasn't the type of student to do unko in a place like this.

観光名所の写真よりもむしろ旅先でのうんこの写真を見せてよ。

Show me pictures of the unko at your destination rather than pictures of sightseeing spots.

不況のために，大事なうんこを売りに出す人が増えている。

More people are selling their precious unko owing to the depression.

1
1
2
3
4

0091

instead of ～

□□□

～の代わりに

0092

as many [much] as ～

□□□

～もの数［量］の，～と同数［量］の

▶「～もの数［量］の」の意味の場合，～には数詞を含む語句が来る。

0093

up to ～

□□□

～まで

▶程度や範囲を表す。例えばup to 40%は「最高で40%」。

0094

in terms of ～

□□□

～の観点から，～に換算して

▶文脈に応じて「～の立場から」「～の言葉で」「～によって」などと訳し分ける。

0095

for all ～

□□□

～にもかかわらず

▶for all thatは「それにもかかわらず」。

類 **in spite of ～**

類 **despite**

類 **in (the) face of ～**

0096

along with ～

□□□

～と一緒に，～に加えて

類 **in addition to ～**

類 **together with ～**

0097

close to ～

□□□

～のそばに［で］

類 **near**

親友がぼく**の代わりに**うんこをしてくれることになった。

It was decided that my best friend would do unko **instead of** me.

そのサイトに行くと，１万枚**もの**うんこの写真が無料でダウンロードできる。

If you go to that website, you can download **as many as** 10 thousand pictures of unko for free.

机の上のうんこが熱を持ち始め，200℃**まで**上がった。

The unko on the desk started to become hot, and its temperature went **up to** 200 degrees Celsius.

そこでうんこをするのは法的には問題ないが，倫理的**な観点で**肯定しがたい。

Legally, there is no problem with you doing unko there, but **in terms of** morals, it is not admissible.

頻繁にうんこをもらす**にもかかわらず**，彼はどんどん出世していく。

For all the times he's done unko in his pants, he keeps on succeeding.

公園で紛失したうんこを親**と一緒に**探しに行った。

I went searching for the piece of unko I had lost in the park **along with** my parents.

ニコールは図書館**のそばで**うんこを頭にのせた青年を見た。

Nichole saw a young man with unko on his head **close to** the library.

0098

as of ～

□□□

～の時点で，～現在で

0099

all over (～)

□□□

（～の）至る所に［で］

0100

as to ～

□□□

～に関して（は）

類 about

類 concerning

類 in relation to ～

コンテストに応募されてきたうんこの数は昨日の夜の時点ですでに 10 万を超えていた。

The number of pieces of unko entered in the contest as of last night was over 100 thousand.

中南米の至る所で，うんこの形をした飛行物体が目撃されている。

Flying objects shaped like pieces of unko have been spotted all over Central and South America.

うんこに関しては絶対に信念を曲げないと決めているんです。

As to unko, I have decided never to change my beliefs.

SECTION 2

0101 **see (to it) that ~** □□□	～するように気をつける［取り計らう］
0102 **sound like ~** □□□	～のように思える 類 **look like ~** 類 **seem like ~**
0103 **apply to ~** □□□	～に当てはまる ▶ apply to *do*は「～することを申し出る」。 ▶ apply *A* to *B*は「AをBに応用［適用］する」。
0104 **turn out (to be)** □□□	～であることがわかる，（結果的に）～になる ▶ It turns[turned] out that ~. の構文も使われる。 類 **prove**
0105 **consist of ~** □□□	～から成り立っている ▶ 進行形や受動態にはしない。 ▶ consist in ~「本来～にある」と混同しないように注意。 類 **be composed of ~**
0106 **manage to *do*** □□□	なんとか～する［やり遂げる］ ▶ can, could を用いないのがふつう。 ▶ succeed in *doing* よりもくだけた語。

人のうんこを間違って持ち帰らない**よう気をつけ**ましょう。

See to it that you don't mistakenly take someone else's unko home.

その発言はうんこに対する偏見**のように思えます**が。

That statement **sounds like** prejudice against unko.

私が発見した法則は，この世の全てのうんこ**に当てはまる**はずだ。

The principle I discovered should **apply to** all the unko in the world.

朝礼台に置いてあった物体は校長のうんこ**であることがわかった**。

The object left on the morning assembly platform **turned out to be** the principal's unko.

代表のうんこを選出する委員会は，10 人のプロ**から成る**。

The committee to select the representative unko **consists of** 10 professionals.

なんとか市長に私達のうんこを見てもらう**ことができた**。

We **managed to** get the city mayor to look at our unko.

0107

live on ～

～で暮らす，
～を常食にする

類 live off ～

0108

refuse to *do*

～することを断る

▶ declineは refuseよりも丁寧な言い方。

▶ reject は refuseよりも語調が強い。

0109

recover from ～

～から回復する

0110

depend on [upon] ～

～次第である，～に頼る

▶「Aに Bを頼る」は，depend on [upon] *A* for *B*。

類 count on ～

類 rely on ～

0111

account for ～

～の原因となる，
～の理由を説明する

▶「(割合) を占める」という意味もある。

類 explain

0112

prevent ～ from *doing*

～が…しないようにする

類 keep *A* from *doing*

類 prohibit *A* from *doing*

0113

see *A* as *B*

Aを Bと考える

うんこの評論だけで暮らせるようになるのが夢だ。

It is my dream to be able to live on unko commentary alone.

ブライアンはステージでうんこをすることをきっぱりと断った。

Brian flatly refused to do unko on stage.

父はまだ時差ボケから回復していないらしく，エレベーターの中でうんこを始めた。

My father doesn't seem to have recovered from his jet lag, so he has started doing unko in the elevator.

入会できるかどうかはあなたのうんこのクオリティ次第だ。

Whether you can get in or not depends on the quality of your unko.

みんなが授業に集中できない原因は，きみがそこでうんこをしているからだ。

The fact that you are doing unko over there accounts for the fact that no one can concentrate on the class.

彼を飽きさせないために，うんこの話を続ける必要があったんです。

To prevent him from getting bored, it was necessary to continue talking about unko.

議員たちはうんこを政治の道具の１つと考えている。

Members of Congress see unko as a tool for politics.

0114

force ~ to *do*

～に…するよう強制する

▶ force ～ into *doing*と言い換えられる。

類 compel ～ to *do*

類 oblige ～ to *do*

0115

work out (~)

（計画が）うまくいく，～を作り出す，～を解決する，～の答えを出す

▶ 他動詞では work ～ outの語順も可。

0116

ask for ~

～を求める

▶ ask *A* for *B*は「AにBを求める」。この場合のaskは他動詞。

0117

come back (to ~)

（～に）戻る

0118

take over (~)

（～を）引き継ぐ，～を支配する

▶ 他動詞では take ～ overの語順も可。

類 succeed (to ～)

0119

take care of ~

～の世話をする，～に気をつける

▶ careの前にlittle, good, noなどの形容詞を入れることも可能。

類 look after ～

0120

care about ~

～を気にかける，～に関心を持つ

私は決して選手たちにフィールドでうんこすることを強制していない。

I definitely have not forced any player to do unko on the field.

あとは彼がうんこさえもらさなければ，計画は必ずうまくいく。

Now if he just doesn't do unko in his pants, the plan will work out for sure.

うんこが足りないなら友人に助けを求めればいいじゃないか。

If you don't have enough unko, why don't you ask for some help from your friend?

試合中にうんこをもらして以来，彼がリングに戻ることはなかった。

After doing unko in his pants during a match, he never came back to the ring.

3 年生が 1 年間かけて集めたうんこを，下級生が引き継いだ。

The underclassmen took over the unko which the third-year students had collected over the year.

うんこがもれそうだったので，犬の世話をするためと言って早退した。

I was about to do unko in my pants, so I said I needed to take care of my dog and left early.

きみは人がうんこをする回数を気にしすぎだ。

You care too much about how often people do unko.

1
1
1
2
1
3
1
4

0121

take in ～

～を取り入れる，
～を理解する

▶ take ～ inの語順も可。

類 include

0122

intend to *do*

～するつもりである

類 be going to *do*

類 plan to *do*

0123

prepare for ～

～の準備をする，
～に備える

▶ prepare *A* for *B*は「Bに備えてAを準備する」。この場合のprepareは他動詞。

0124

provide *A* with *B*

AにBを供給する

▶ provide *B* for *A*とも表せる。

類 supply *A* with *B*

0125

believe in ～

～を信用する，
～のよさ［存在］を信じる

0126

take advantage of ～

～を利用する，
～につけ込む

▶ 後者のように悪い意味もある点に注意。

類 make use of ～

0127

look forward to ～

～を楽しみに待つ

▶ toは前置詞なので後には（動）名詞がくる。進行形での使用も多い。

先輩のうんこを見て，よいところはどんどん取り入れていくべきだ。

You should look at your seniors' unko and **take in** as many good points as you can.

あなたはみんなで集めたうんこを全て独占するつもりですか？

Do you **intend to** monopolize all the unko that we all collected together?

会議の準備をしたいのに，社長が会議室でうんこをしている。

I want to **prepare for** the meeting, but the company president is doing unko in the meeting room.

我が社のサービスは，ユーザーに新しいうんこ体験を提供します。

Our service will **provide** users **with** a new unko experience.

彼は私を信じて自分と家族のうんこ全てを預けてくれた。

He **believed in** me and entrusted me with his and all his family's unko.

国の補助金を利用して，大量のうんこを手に入れる方法がある。

There's a way to **take advantage of** government subsidies to obtain a large amount of unko.

弟はサッカー選手と一緒にうんこができるイベントを楽しみにしている。

My younger brother is **looking forward to** an event where he'll be able to do unko with a soccer player.

1
1
1
2
1
3
1
4

0128

result from ～

□□□

～から起こる

▶ result in ～「～という結果になる」と混同しないよう注意する。

0129

bring about ～

□□□

～を引き起こす

▶ bring ～ aboutの語順も可。

類 cause

0130

come out

□□□

現れる, ばれる, 出版される

類 come to light

0131

take part in ～

□□□

～に参加する

類 participate in ～

0132

seem like ～

□□□

～のように思える

▶ ～には名詞が来る。

0133

throw away ～

□□□

～を捨てる

▶ throw ～ awayの語順も可。

類 discard

0134

slow down (～)

□□□

速度が落ちる,
(～の) 速度を落とす

▶ slow ～ downの語順も可。
この場合のslowは他動詞。

類 slow up (～)

反 speed up (～)「(～を) 速める」

今の経済の衰退はうんこの軽視から起きたものだ。

The current decline of the economy resulted from underestimating the significance of unko.

そんなうんこの扱い方では，いずれ大きな事故を引き起こすだろう。

Treating unko like that is bound to bring about a serious accident someday.

高層ビルの合間から巨大なうんこが姿を現した。

A gigantic piece of unko came out from between two high-rise buildings.

父はうんこをもらしていたが，保護者会にちゃんと参加したそうだ。

My father had done unko in his pants, but he still took part in the parent-teacher meeting.

彼がうんこをしている姿を見たときは，好青年のように思えたんだ。

When I saw him doing unko, he seemed like a nice young man.

バスの車内でゴミやうんこを捨てないでください。

Don't throw away trash or unko in the bus, please.

回転する物体の速度が落ちるにつれて，それがうんこであることがわかった。

As the rotating object began to slow down, I realized it was unko.

0135

succeed in ～

□□□

～に成功する

▶ succeed to ～「～の後を継ぐ」と混同しないように注意する。

反 **fail in** ～「～に失敗する」

0136

get rid of ～

□□□

(厄介なもの) を取り除く

類 **do away with** ～

類 **eliminate**

類 **remove**

0137

forget to *do*

□□□

～するのを忘れる

▶ forget *doing*は「～したことを忘れる」。

0138

play a (～) role[part] (in …)

□□□

(…で) (～な) 役割を演じる [果たす]

▶ role[part]の前にはいろいろな形容詞を入れることが可能。

0139

put on ～

□□□

～を (身に) つける, (電気器具・ガスなど) をつける

▶ put on ～は「身につける」という動作, wear, have on ～, be dressed in ～は「着ている」という状態を表す。

反 **take off** ～「～を脱ぐ」

0140

call for ～

□□□

～を必要とする, ～を求める

類 **need**

0141

go into ～

□□□

～に入る

反 **go out of** ～「～から出ていく」

彼はついにうんこと意思の疎通を図ることに成功した。

He finally succeeded in communicating with unko.

うんこの中にあるガラスの破片をピンセットで取り除いています。

I am getting rid of the glass shards in the unko with tweezers.

今日のうんこの写真を上司に送るのを忘れてしまった。

I forgot to send pictures of today's unko to my boss.

精神統一は，人ごみでうんこをするときに重要な役割を果たす。

Mental concentration plays an important role when doing unko in a crowd.

どうしてうんこをするとき，いつもそのペンダントを身につけるんですか？

Why do you always put on that pendant when you do unko?

これらのうんこの保管にはもっと広い空間が必要だ。

Storing these pieces of unko calls for a larger space.

マーティンはうんこを両脇に抱えて国会議事堂に入っていった。

Martin went into the Diet Building with unko under both arms.

1
1

1
2

1
3

1
4

0142

start with ～

□□□

～で始まる

0143

take off ～

□□□

～を脱ぐ，
～を取り外す

反 **put on** ～「～を（身に）つける」

0144

run out

□□□

尽きる

▶ run out of ～は「～を使い果たす」という意味。

0145

take *A* for *B*

□□□

AをBだと（誤って）思う，
AをBと間違える

▶ take の代わりに mistakeを用いることもある。

0146

calm down ～

□□□

～を落ち着かせる

0147

take up ～

□□□

（場所・時間）を取る，
～を取り上げる

▶ take ～ upの語順も可。

0148

agree to ～

□□□

（提案・計画・条件など）
を認める

▶ ～に「人」は来ないことに注意する。

反 **refuse**「～に反対する」

「う」から始まる言葉といえば，うんこ以外にありますか？

Are there any words that start with “u” other than unko?

私はスーツを全て脱がないとうんこができないんです。

I can’t do unko without taking off my suit entirely.

ラジコンにうんこを乗せて走らせていたら，すぐに電池が尽きた。

I tried driving my radio-controlled car with unko on it, but the batteries ran out right away.

うんこを何かの貝だと思って大量に持ち帰ってきてしまった。

I took the unko for some kind of shellfish and took a bunch of it home.

彼を落ち着かせようと思ってうんこを見せたのですが，逆効果だったようです。

I showed him unko to calm him down, but it had the opposite effect.

うんこも数が増えると場所を取るので，不要な分は捨てた方がいい。

Even unko takes up space when you get too many pieces, so you should dispose of the unnecessary ones.

うんこに人権を与えることを認めることはできない。

I can’t agree to granting human rights to unko.

1 1 1 2 1 3 1 4

0149

be unable to *do*

□□□

～することができない

反 be able to *do*「～することができる」

0150

be expected to *do*

□□□

～すると予想されている

0151

be willing to *do*

□□□

～してもかまわない

▶「積極的に喜んで～する」は be ready to *do*。

反 be unwilling to *do*「～することに気が進まない」

0152

be required to *do*

□□□

～することを要求される

0153

be supposed to *do*

□□□

～することになっている，（世間で）～と考えられている

0154

be confronted with[by] ～

□□□

（困難・問題など）に直面している

0155

be responsible for ～

□□□

～に責任がある

▶「人」以外も主語になる。「人」に対して責任がある場合には，be responsible to ～となる。

自分のうんこを当てることができなかったのでとても悔しい。

I was unable to guess which was my own unko, so I'm feeling very sad.

今後はうんこを扱うビジネスが流行するだろうと予想されている。

Businesses that deal in unko are expected to gain popularity in the coming days.

うんこに関すること以外ならどんな質問をされてもかまいません。

I'm willing to answer any questions that aren't related to unko.

彼の弟子たちは，どんな場所でもうんこができる度胸が要求される。

His apprentices are required to have the guts to do unko in any location.

このうんこの前で友人と会うことになっている。

I'm supposed to meet my friend in front of this unko.

もしきみが困難に直面したときは，うんこのことを思い出してごらん。

Remember the piece of unko when you are confronted with problems.

キャプテンは，部員全員のうんこを安全な場所で保管する責任がある。

The captain is responsible for storing the unko of all the team members in a safe place.

1
2
3
4

0156

be associated with ～

□□□

～に関連している

0157

be interested in ～

□□□

～に興味がある

▶ interestingは「(人に) 興味を起こさせる」, interestedは「(人が何かに) 興味を持っている」という意味を持つ。

0158

more and more ～

□□□

ますます多くの～

0159

a[the] series of ～

□□□

一連の～

▶ a series of ～は，主語のときふつう単数扱いとなる。

類 **a sequence of ～**

0160

far from ～

□□□

～どころではない，～にはほど遠い

▶ 距離的に「～から遠い」の意味でも使う。

類 **anything but ～**

0161

a couple of ～

□□□

2つ［2人］の～

▶ 主語に用いる場合，複数扱いがふつう。

0162

plenty of ～

□□□

たくさんの～

▶「数」「量」のどちらにも使える。

▶ 通例肯定文で用いる。

彼はうんこに関連するもの全てについて詳しい。

He is versed in everything that's associated with unko.

私のうんこに興味がある方はこちらのホームページへ。

Those who are interested in my unko should visit this webpage.

ますます多くの一流起業家がうんこの価値に注目している。

More and more first-class entrepreneurs are taking notice of the value of unko.

彼女が作った一連の曲はどれもうんこのことを歌っている。

She sings about unko in every song in the series of songs she wrote.

このうんこはゴミどころではない，完璧な芸術品だ。

Far from being garbage, this piece of unko is a perfect work of art.

お部屋に無料のうんこを２つご用意しております。

We have left a couple of pieces of unko in your room free of charge.

時間はたくさんあるので，今夜はうんこについてじっくり語ろう。

We have plenty of time, so let's discuss unko tonight.

0163

a piece of ～

□□□

1つ［1個・1本・1枚］の～

▶ 不可算名詞を個別に数える最も一般的な表現。

0164

so far

□□□

今までのところ

類 **up to this point**

0165

not always ～

□□□

必ずしも～ではない

▶ 部分否定の意味を表すことに注意する。

類 **not necessarily ～**

0166

for the first time

□□□

初めて

▶ for the first time in 10 yearsは「10年で初めて」→「10年ぶりに」の意味。

0167

these days

□□□

近ごろは，このごろは

▶ 通例，現在時制と共に使われる。

類 **recently**

反 **in those days**「当時は」

0168

and so on [forth]

□□□

～など

▶ 人には and others などを用いる。

類 **and the rest**

0169

in turn

□□□

順々に，（立ち代わって）次に（は）

▶ 文尾で使われることが多い。

人生で忘れることができない1つのうんこについてお話しします。

Today I will talk about an unforgettable piece of unko in my life.

今までのところ，我が校のうんこが一番高得点をとっている。

So far, our school's unko has scored the highest.

必ずしもパッケージと同じ形状のうんこが入っているわけではありません。

The image on the package is not always the same as the actual piece of unko.

全ての指にうんこをさしている人に初めて会いました。

I met someone wearing unko on all their fingers for the first time.

近ごろはうんこを見かけても感情がほとんど動かなくなってきた。

These days, I hardly feel anything, even when I see unko.

不動産，投資，うんこなどに興味がある方は連絡ください。

Individuals interested in real estate, investing, unko, and so on, please contact me.

ステージ上でメンバーが順々にうんこをしていった。

Each member did unko on stage in turn.

0170

in particular

□□□

特に

▶ 限定する語句の直後に置かれることが多い。

類 not least

0171

no matter what[how / when, etc.] ~

□□□

何が［どんなに・いつなど］～でも

類 whatever ［however / whenever, etc.］

0172

all the time

□□□

いつも，常に

▶〈all the time S+V〉なら，「S が～する［した］間ずっと」。

▶ at the same time「同時に」と混同しないように注意する。

0173

not at all

□□□

まったく～ない

類 not nearly

0174

on (the[an]) average

□□□

平均して

▶「平均以上の［で］」は above average，「平均以下の［で］」は below average。

0175

~ or so

□□□

～かそこら

▶ orの前には数量を表す名詞が来る。

0176

in time (for ~)

□□□

（～に）間に合って

▶ on time「時間どおりに［で］」と混同しないように注意する。

ロバートはうんこ，特に 1960 年代のうんこに詳しい。

Robert is versed in unko, in particular that of the 1960s.

たとえ何が起こってもこのうんこから目を離すな。

No matter what happens, don't take your eyes off this piece of unko.

あなたはいつも自分のうんこの評価ばかり気にしている。

You're interested in your unko's reputation and nothing else all the time.

彼らは私たちのうんこにまったく関心がないようだった。

They seemed not at all interested in our unko.

祖父が撮るうんこの写真は平均して 1 枚 3 万円で売れる。

The photos my grandfather takes of unko sell for 30 thousand yen each on average.

うんこをするだけなら 15 秒かそこらもらえれば十分だ。

If I just have to do unko, then I only need 15 seconds or so.

ちょうど講師がうんこの話を始めるタイミングに間に合った。

I made it just in time for the teacher to start his talk on unko.

1 1

1 2

1 3

1 4

0177

as a whole

□□□

全体として（の）

▶ 名詞の直後に置かれることも多い。

0178

on time

□□□

時間どおりに［で］

▶ in time (for ～)「(～に) 間に合って」と混同しないように注意する。

類 **punctually**

0179

in the way (of ～)

□□□

（～の）邪魔になって

▶ in *one's* wayの形も多い。

▶ in the way of ～には「～の点では」の意味もある。

0180

in general

□□□

一般に

類 **as a (general) rule**

類 **at large**

0181

in the end

□□□

ついには, 結局は

類 **finally**

類 **at last**

類 **sooner or later**

0182

(just) in case

□□□

念のため

▶ in case of ～は「～の場合には」の意味。

▶ just in caseが独立した句の場合は「万一に備えて」の意味。

▶ 英では「～するといけないから」の意味。

0183

in public

□□□

人前で, 公然と

類 **publicly**

反 **in private**「ひそかに, こっそりと」

彼のうんこは親族全体にとっての誇りであった。

His unko was the pride of our family as a whole.

毎日時間どおりにうんこを届けてくれてありがとう。

Thank you for delivering my unko on time every day.

斬新なうんこのやり方を広めたいが，古い習慣が邪魔になっている。

I want to spread a new way of doing unko, but old traditions are in the way.

一般にうんこは右手で持つものだが，グレンは違う。

In general, people hold unko in their right hand, but not Glenn.

そしてついには，市長は市民全員に自分のうんこを配り終えた。

And in the end, the city mayor finished distributing his unko to every citizen.

念のため，ご自分のうんこの写真を指でさしていただけますか。

Just in case, could you point to the picture of your unko?

人前でうんこをするときは，あまり余計なことを考えない方がうまくいく。

When you do unko in public, it goes better if you don't think too much.

0184

in a way

□□□

ある点で，ある意味では

▶ in a way (that) ～「～のように」の構文と混同しないこと。

0185

as[so] long as *S*+*V*

□□□

（条件）Sが～さえすれば，（時間的限度）Sが～する限り［間］は

0186

the moment [minute] (that) ～

□□□

（接続詞的に）～するとすぐに

▶ as soon as ～よりもくだけた言い方。

類 **as soon as ～**

0187

as soon as ～

□□□

～するやいなや

▶ as soon as possible「なるべく早く」はEメールなどで ASAPと略しても使われる。

類 **the moment[minute] (that) ～**

0188

either *A* or *B*

□□□

Aか Bのどちらか

▶ 否定文になると「Aと Bのどちらでもない」という意味になる。

0189

much[still] less ～

□□□

（否定文の直後で）まして～ではない

類 **let alone**

0190

when it comes to ～

□□□

～のこととなると，（～する）段になると

ある点で，人はうんこに人生を支配されているとは言えまいか。

In a way, can't it be said that people's lives are controlled by unko?

代金さえもらえれば，望み通りのうんこを手に入れてきますよ。

As long as I get the money, I'll get the unko you desire for you.

兄は，母が帰宅するとすぐに，うんこを引き出しにしまって勉強を始めた。

My brother put his unko in the drawer and started studying the moment our mom got home.

うんこが出たらすぐに連絡すると何度も言っているじゃないですか。

How many times have I told you I would call you as soon as unko comes out?

ご来場者全員に，割引券か店長のうんこのどちらかを差し上げます。

Everyone who comes will be given either a discount coupon or a piece of the store manager's unko.

私はあなたのうんこに触れられないし，まして膝にのせることなどできない。

I can't even touch your unko, much less put it on my lap.

アルフレッドは，うんこのこととなると冷静さを失ってしまう。

Alfred loses his composure when it comes to unko.

0191 **provided (that) ~** □□□	もし〜ならば ▶ providing (that) 〜 とも言う。 類 **if**
0192 **every[each] time ~** □□□	(接続詞的に) 〜するたびに ▶ 単に副詞として「毎回」の意味でも使う。 類 **whenever**
0193 **thanks to ~** □□□	〜のおかげで ▶ thanksと必ず複数形で用いる。
0194 **in spite of ~** □□□	〜にもかかわらず 類 **despite** 類 **for all 〜** 類 **with all 〜**
0195 **regardless of ~** □□□	〜に関係なく, 〜に(も)かかわらず 類 **without regard to 〜**
0196 **in the middle of ~** □□□	〜の中央に
0197 **as for ~** □□□	〜について言えば, 〜に関する限り 類 **as[so] far as 〜 be concerned**

うんこが財産として認められるならば，私は今ごろ大金持ちだ。

Provided that unko counts as wealth, I am already filthy rich.

彼は電車が通るたびに必ず大声で「うんこ！」と叫ぶ。

He screams “Unko!” in a big voice **every time** a train goes by.

先生のおかげでうんこ以外のものにも興味が持てるようになった。

Thanks to the teacher, I’ve gained interest in things other than unko.

高額にもかかわらず，彼のうんこはすぐに売り切れてしまう。

His unko sells out right away **in spite of** the high price.

国籍に関係なく，うんこをもらしそうな人は全員助けるべきだ。

We should help anyone who is about to do unko in their pants, **regardless of** nationality.

ある朝，校庭の中央にうんこが何メートルも積み上げてあった。

One morning, there was unko piled up several meters high **in the middle of** the schoolyard.

今月について言えば，ぼくより父のほうがうんこをもらしている。

As for this month, my father has done unko in his pants more often than me.

0198

with all ~

□□□

~にもかかわらず

▶ with all ~ には「~が（こんなに）あるので」という順接の意味もあるので，注意が必要。

類 in spite of ~

類 despite

類 for all ~

0199

together with ~

□□□

~と一緒に，~に加えて

類 in addition to ~

類 besides

類 along with ~

0200

apart from ~

□□□

~のほかに

▶「~から離れて」の意味でも使う。

類 besides

類 in addition to ~

類 aside from ~

多くの失敗にもかかわらず，彼は前転しながらのうんこを諦めなかった。

With all his failures, he still didn't give up doing unko while somersaulting.

フランシスが，ダンサーと一緒にうんこの周りで踊っている。

Francis is dancing around the unko **together with** the dancers.

炎で焼き尽くすほかに，そのうんこを処理する方法はなかった。

There was no way to dispose of the unko **apart from** burning it.

SECTION 3

0201 **see if ~** □□□	~かどうかを確かめる
0202 **take on ~** □□□	~を引き受ける，~を雇う ▶ take ~ onの語順も可。 類 **undertake** 類 **employ**
0203 **lie in ~** □□□	~にある ▶ lie with ~で「(責任などが) ~にある」という意味。
0204 **make sense** □□□	意味をなす，道理にかなう ▶ make sense of ~で「~を理解する」という意味。 ▶ senseには perfect, much, no, little などの形容詞も付く。
0205 **look up ~** □□□	(辞書・電話帳などで) ~を調べる ▶ look ~ upの語順も可。 ▶ look up (at ~) で「(~を) 見上げる」という意味もある。
0206 **wake up (~)** □□□	目が覚める，(人) の目を覚まさせる ▶ wake upは「目を覚ます」，get upは「体をベッド・ふとんから起こす」という意味。 ▶ wake ~ upの語順も可。この場合は他動詞。

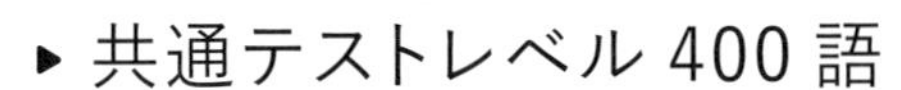

▶ 共通テストレベル 400 語

店に行く前に，うんこが売っているかどうか電話で確かめよう。

Let's call them to **see if** they sell unko or not before we go to the store.

文化祭のステージでうんこについて 90 分も話す役目を引き受けてしまった。

I **took on** the task of talking about unko for 90 minutes on stage at the cultural festival.

悟りを開くための鍵は，うんこを知ることにある。

The key to enlightenment **lies in** knowing unko.

うんこを中心に置くことで，初めてこの作品は意味をなすんですよ！

Putting unko in the center is what makes this work **make sense**!

大量のうんこを引き取ってくれる業者がないか，電話帳で調べた。

I **looked up** whether there were any companies that would accept a large quantity of unko in the phonebook.

目が覚めるとうんこの中にいた。

When I **woke up**, I was inside some unko.

0207

derive from ～

～に由来する,
～から出ている

▶ derive *A* from *B*は「BからAを得る」という意味。

0208

cut down[back] (on) ～

～の（消費）量を減らす,
～を切り詰める, ～を短くする

▶ cut off ～は「～を切り離す, 切り取る」という意味。

0209

concentrate on ～

～に集中する

▶ concentrate *A* on *B*は「AをBに集中する」という意味。この場合は他動詞。

0210

get up

起きる, 起床する

▶ get up to ～「～に近づく」との違いに注意。

0211

get on (～)

（公共の乗り物などに）乗る

0212

build up ～

～を築き上げる

▶ build ～ upの語順も可。

0213

cope with ～

～に対処する,
～をうまく処理する

類 deal with ～

「うんこ」という語は，ネイティブアメリカンの神話に由来するという説がある。

One theory says that the word “unko” **derives from** a Native American legend.

私の計算では，うんこを使用することで家庭の電力消費量を80% 減らせるはずだ。

According to my calculations, it should be possible to **cut down on** household energy consumption by 80% by using unko.

悩みや不安を忘れ，ただ目の前のうんこに集中し続けてください。

Forget your worries and troubles and just **concentrate on** the unko in front of you.

父はだいたい起きて２秒後にはうんこを終えている。

My father usually finishes doing unko within two seconds of **getting up**.

うんこまみれではあったが，予定していた飛行機に乗ることができた。

Although I was smeared in unko, I managed to **get on** the plane I was scheduled for.

ぼくらは何十回も一緒にうんこをして信頼関係を築き上げてきた。

We’ve done unko together dozens of times and have **built up** a trusting relationship.

これだけの量のうんこに適切に対処できる人物はあの人しかいない。

The only person who can **cope with** such a quantity of unko adequately is him.

0214

complain of[about] ～

□□□

～について不平を言う，（苦痛など）を訴える

0215

have no idea

□□□

見当がつかない

▶ Do you have any idea?は「あなたは見当がつきますか」という意味。

0216

graduate from ～

□□□

～を卒業する

▶ 英では大学のみだが，米では大学以外の学校にも用いる。

0217

bring up ～

□□□

～を育てる

▶ bring ～ upの語順も可。

0218

differ from ～

□□□

～と異なる

▶ be different from ～よりやや堅い表現。

0219

show up

□□□

（予定の場所に）現れる

類 **turn up**

0220

think of *A* as *B*

□□□

AをBと見なす

▶ think out ～は「～を慎重に検討する」という意味。

クリントは，自分のうんこの扱いが小さかったことについて不平を言っていた。

Clint **complained about** how his unko wasn't treated with enough importance.

こんな大量のうんこを渡されて何に使えばいいのか見当がつかない。

I **have no idea** what to do with this huge amount of unko I was handed.

大学を卒業するまではうんこをしないと決めたんです。

I decided not to do unko until I **graduate from** college.

では，うんこの話を一切せずにお子さんを育てるつもりですか？

So are you planning to **bring up** your children without any mention of unko?

我々のうんこのやり方は，通常とはかなり異なる。

The way we do unko **differs** greatly **from** the normal way of doing it.

誰もが信じなかったが，本当にマイケルがうんこを持って空港に現れた。

No one would believe it, but Michael really **showed up** to the airport with unko.

多くの専門家はこの物体をただのうんこだと見なしている。

Many experts **think of** this object **as** just a piece of unko.

1 1

1 2

1 3

1 4

0221

think about *doing*

□□□

～しようかと考える

▶ think over ～は「(計画・問題など) を熟考する」という意味。

0222

bear with ～

□□□

～に耐える

▶ 後には人や行動などを表す語句が来る。

▶ bear on ～は「(物・事が) ～に関係する」という意味。

0223

(can) afford to *do*

□□□

～する余裕がある

▶ (can) afford ～は「(休暇・お金など) を持つ [とる] 余裕がある」という意味になる。

0224

remind *A* of[about] *B*

□□□

AにBを思い出させる

0225

pretend to *do*

□□□

～するふりをする

▶ pretend (that) ～は「～であるふりをする」という意味になる。

0226

apply for ～

□□□

(仕事・許可など) を申し込む, ～を志願 [申請] する

▶ apply to＋人 [場所] ＋ for ～は, 「人 [場所] に～を申し込む」という意味。

0227

write to ～

□□□

～へ手紙を書く

▶ write away は「(見本・カタログなどを) 手紙で注文する」という意味。

次はうんこについて語り合うサークルを作ろうかと考えている。

Next I'm **thinking about starting** a club for discussing unko.

校長の長い話に耐えられず，ほとんどの生徒が校庭でうんこを始めた。

Most students couldn't **bear with** the principal's long talk, so they started doing unko in the schoolyard.

でもこのボートにはまだいくつかうんこをのせる余裕がありますよね？

But this boat **can** still **afford to** have a few more pieces of unko onboard, can't it?

きみのうんこは，私が 10 代のころのうんこを思い出させる。

Your unko **reminds** me **of** my unko from my teens.

選手たちは監督の「うんこしろ」のサインに気づかないふりをしてプレイを続けた。

The players **pretended** not **to** notice the coach's "do unko" signal and continued to play.

入会のお申し込みは，ご自分のうんこの写真を添付して，こちらのアドレスまで。

To **apply for** membership, please attach a photo of your unko and send it to the following address.

学校でのうんこについて意見があり，校長先生に手紙を書いた。

I had something to say about unko at school, so I **wrote to** the principal.

1
2
3
4

0228

have access to ～

□□□

～を利用できる，～に近づける

▶ 文脈に応じて「～が手に入る，～と面接できる」など，いろいろな意味になる。

0229

look after ～

□□□

～の世話をする

類 **take care of ～**

0230

hand in ～

□□□

（手渡しで）～を提出する

▶ hand ～ inの語順も可。

▶ send in ～ は「（郵便などで）～を提出する」という意味。

類 **turn in ～**

0231

aim at ～

□□□

～を狙う，～を目指す

▶「AをBに向ける」は，aim *A* at *B*。この場合のaimは他動詞。

0232

meet with ～

□□□

～を受ける，～を経験する

類 **undergo**

0233

turn *A* into *B*

□□□

AをBに（質的に）変える

▶ turn into ～「～に変わる」のturnは自動詞。intoは「質的な変化」を表す。

0234

put up ～

□□□

～を掲げる，～を上げる，～を建てる

▶ put ～ upの語順も可。

我が校の生徒全員がこのうんこデータベースを利用できる。

Our school's entire student body has access to this unko database.

私が動物たちの世話をしている間，あなたはうんこをしていただけじゃないか。

While I was looking after the animals, all you were doing was unko.

最後に７日分のうんこを担当に提出して，今回の合宿は全て終了となります。

Lastly, hand in seven days' worth of unko to the person in charge, and this training camp is over.

スナイパーがビルの屋上から標的であるうんこを狙っている。

A sniper is aiming at his target, a piece of unko, from the roof of a building.

司会者は，出演者のうんこを雑に扱かったことで多くの批判を受けた。

The host met with a lot of criticism due to having treated a performer's unko carelessly.

父のうんこは凶暴な獣を従順なペットに変える力を持つ。

My father's unko has the power to turn a ferocious beast into a docile pet.

その男は「うんこを敬え」と書かれたボードを社屋の前に掲げ，去って行った。

The man put up a board saying "Respect unko." in front of the office building and left.

1 2 3 4

0235

write down ~

□□□

~を書き留める，
~を記録する

類 put down ~

0236

live[lead] (a) ~ life

□□□

~の生活をする

▶ live by ~は「~から収入を得る」という意味。

0237

get used to ~

□□□

~に慣れる

0238

get out of ~

□□□

~から（外へ）出る

▶ 車（car）やタクシー（taxi）を降りる場合にも使う。

0239

remember *doing*

□□□

~したのを覚えている

▶ remember to *do*は「忘れずに~する」という意味。

0240

interfere with ~

□□□

~を妨げる，
~の邪魔をする

▶ interfere in ~は「~に干渉［口出し］する」という意味。

類 meddle with[in] ~

0241

ask ~ to *do*

□□□

~に…するように頼む

▶ ask that ~は「~であることを頼む」という意味。

メモ用紙がなかったので，手元にあったうんこにアイデアを書き留めた。

I didn't have a notepad, so I wrote the idea down on a nearby piece of unko.

町中にもっとうんこが落ちていた時代は，スリリングな生活だっただろう。

People probably lived thrilling lives back when there was more unko dropped around the town.

こんな体勢でうんこをすることには，なかなか慣れない。

I just can't get used to doing unko in this posture.

この館から無事に出られたら，またみんなで一緒にうんこをしよう。

If we get out of this mansion alive, let's all do unko together again.

大学時代によく彼と新宿でうんこをしたことを覚えている。

I remember doing unko with him in Shinjuku a lot during our college years.

あなたが海でしたうんこが，フェリーの通行の妨げになっている。

The unko you did in the ocean is interfering with the ferry's operation.

私はサムに，うんこを持ったまま宙返りしてみてほしいと頼んだ。

I asked Sam to do a flip while holding unko.

1 1

1 2

1 3

1 4

0242

take away ～

□□□

～を取り除く

▶ removeよりもややくだけた表現。

類 **remove**

0243

clean up ～

□□□

～をすっかりきれいにする

▶ clean ～ upの語順も可。

0244

get better

□□□

快方に向かう

▶ recoverよりもややくだけた表現。

類 **recover**

0245

get married

□□□

結婚する

0246

agree on ～

□□□

～に意見がまとまる

▶ agree about ～も同じ意味。

0247

die from[of] ～

□□□

～で死ぬ

▶ ふつう直接的要因であればof,
間接的要因であればfrom を用いる。

0248

fall asleep

□□□

眠り込む

この聖なるうんこを購入すれば，あなたの不安は全て取り除かれるでしょう。

If you buy this holy piece of unko, it will take away all of your worries.

15 分前まであれだけうんこまみれだった部屋をこんなにきれいにしたのは誰だ？

Who was it that cleaned up this room that was completely smeared in unko 15 minutes ago?

毎日うんこの話を聞かせたら，兄の調子が快方に向かった。

When I told my brother stories about unko every day, he got better.

うんこを 20 歳以上でもらしたことがある人は，結婚が認められないと思っていた。

I didn't think people who had done unko in their pants when they were 20 or older were allowed to get married.

今後もどんどん互いのうんこについて批評し合おうということで意見がまとまった。

We agreed on critiquing each other's unko as much as possible in the future.

うんこの我慢しすぎで死んだ過去の偉人を調べています。

I'm researching greats of the past who died from holding in their unko too long.

弟はうんこを抱きかかえたまま眠り込んでしまった。

My brother fell asleep hugging the unko.

0249

look into ～

□□□

～を調べる

▶「～の中をのぞき込む」という意味でも使う。

0250

bring back ～

□□□

～を思い出させる

0251

run out of ～

□□□

～を使い果たす

▶「～から走り出る」という意味でも使う。

▶ run outは「(～が) 尽きる」という意味。

0252

stop ～ from *doing*

□□□

～が…するのをやめさせる

▶ stop ～ *doing*はもう始まっている動作について，stop ～ from *doing*はこれからやる動作についてやめさせる場合に使う。

0253

pay[give] attention to ～

□□□

～に注意を払う

▶ attend to ～よりも一般的。

類 attend to ～

0254

～ will do

□□□

～は役に立つ，～は用が足りる

0255

be different from ～

□□□

～とは違っている

▶ fromの代わりに thanや toも使われるが，fromが一般的。

反 be similar to ～「～と似ている」

あの方のうんこについてはそれ以上調べない方が身のためですよ。

For your own sake, you should not look into that person's unko anymore.

壁に飾られたうんこの写真は，父の華やかだった時代を思い出させる。

The picture of unko on the wall brings back memories of my father's glory days.

ラスベガスでお金を使い果たし，最終的にはうんこまで取られた。

I ran out of money in Las Vegas and ended up having my unko taken.

あなたは息子さんがうんこを持って車の上で踊るのをやめさせるべきだ。

You should stop your son from dancing on the car roof holding unko.

頭にうんこをのせてうろうろしている男がおり，警備が注意を払っている。

Security is paying attention to a man who is wandering around with unko on his head.

お金も権力も，もはや必要ない。うんこがあればいい。

I don't need money or power anymore. Unko will do.

彼のうんこは昔からほかのうんことは何かが違うと思っていました。

I always thought that the unko he did was somehow different from other unko.

1 1

1 2

1 3

1 4

0256

be aware of ～

□□□

～に気がついている，
～を知っている

▶ become aware of ～は「～に気づく」という意味。

▶ be[become] aware that ～と節も続く。

0257

be said to *do*

□□□

～すると言われている

0258

be due to ～

□□□

～のため［結果］である

0259

be full of ～

□□□

～に満ちている

▶「～のことで頭の中がいっぱいである」という意味でも用いる。

0260

be capable of ～

□□□

～ができる，
～の能力がある

▶「人」以外も主語になる。

0261

be involved in ～

□□□

～に関係［関与］している，
～に携わっている，
～に熱中している

▶ beの代わりに get, becomeなどで「動作」を表す。

0262

be about to *do*

□□□

今にも～しようとしている

類 be on the point of *doing*

天井から吊るされたうんこには最初から気がついていましたよ。

I was aware of the unko hanging from the ceiling from the start.

うんこにクラシック音楽を聴かせ続けるとサイズが変化すると言われている。

Unko is said to change size when it is exposed to classical music for an extended period of time.

きみが成功したのはうんこを大切にしたからだ，とトニーは言った。

Tony said your success was due to your taking good care of unko.

うんこは謎に満ちている。

Unko is full of mystery.

新発売のケースは，1 台で 720 個のうんこを収納できる。

The newly released case is capable of holding 720 pieces of unko.

まさかあの政治家までがこのうんこの件に関与しているとは驚きだ。

I never would have guessed that even that politician was involved in this unko scandal.

凶暴なトラが今にもうんこに飛びかかろうとしている。

A ferocious tiger is about to pounce on the unko.

0263

be far from ～

□□□

～からはほど遠い

▶ 距離的に離れている場合にも用いる。

類 anything but ～

0264

be unlikely to *do*

□□□

～しそうにない

▶ It is unlikely that ～でも同じ意味。

▶ That's unlikely!で「まさか！」という意味。

0265

a wide range of ～

□□□

幅広い種類の～

▶ 似た表現に，a full range of ～，a broad range of ～がある。

0266

far away (from ～)

□□□

（～から）遠く離れて

類 a long way (from ～)

0267

in the first place

□□□

まず第一に

類 to begin[start] with

0268

at a time

□□□

一度に

▶ one at a timeは「一度に1人［1個］ずつ」の意味。one person at a timeとも言う。

0269

at once

□□□

すぐに

類 immediately

類 right away

彼がうんこをする姿は，紳士のイメージからはほど遠かった。

The image of him doing unko was far from that of a gentleman.

このうんこは山登り用のリュックにも入りそうにない。

This piece of unko is unlikely to fit in a climbing backpack, either.

私は 20 代で世界中を回り，幅広い種類のうんこを写真に収めた。

I traveled around the world in my 20s and took pictures of a wide range of unko.

我々はあのうんこからずいぶん遠く離れたところまで逃げてきたはずだった。

We must have run quite far away from that unko by now.

まず第一に，うんこをもらすことは悪いことなんだろうか。

In the first place, is it a bad thing to do unko in your pants?

高校に入ってから，一度に 3 個以上のうんこができるようになった。

Since I started high school, I've been able to do three pieces of unko or more at a time.

すぐに私のうんこから手を離しなさい。

Remove your hand from my unko at once.

0270

in common

□□□

共通して

▶ in common with ～で「～と共通して」という意味。

0271

on a ～ basis

□□□

～の基準［原則］で

▶ ～には regularなどいろいろな形容詞が入る。

0272

for sure [certain]

□□□

確かに（は）

▶ make sure「確かめる」との混同に注意する。

0273

no doubt

□□□

間違いなく

▶ no doubt ～ but ... で「確かに～だが…」と譲歩の構文を構成することもある。

類 **without (a) doubt**

類 **undoubtedly**

0274

for a while

□□□

しばらくの間

▶ whileの前には short, little, longなどの形容詞も来る。quiteの場合には, for quite a whileの語順。

0275

that way

□□□

そのようにすれば

▶「次のようにして」という意味もある。

0276

all the way

□□□

はるばる, ずっと

▶「完全に」という意味もある。

▶ by the wayは「ところで」という意味。

どの国の首相も共通して過去にうんこをもらしたことがある。

The prime ministers of every country have it in common that they've done unko in their pants at least once.

この辺りに住めば，日常的に多くのうんこを見かける。

People who live in this area see a lot of unko on a daily basis.

彼が一体どのような方法でこんな場所にうんこができたのか，確かにはわからない。

I don't know for sure how he could have done unko in a place like this.

クエンティンがキックしたうんこは，間違いなく修復不可能だろう。

The piece of unko Quentin kicked is no doubt irreparable.

しばらくの間ひとりでうんこをさせてくれないかな。

Could you leave me alone to do unko for a while?

そのようにすれば，両手で 500 個以上のうんこを持つことも可能だよ。

That way, it's possible to hold over 500 pieces of unko in your hands.

今日のために，はるばるタンザニアから運んできたうんこをご覧ください。

Behold the unko I transported all the way from Tanzania just for today.

0277

more or less

□□□

多かれ少なかれ，
程度の差はあれ

0278

at the moment

□□□

現在は

▶ 過去時制で使うと「ちょうどその時」という意味になる。

0279

in advance (of ~)

□□□

（～に）前もって

▶ 具体的な時間は直前に置く。

0280

on earth

□□□

（疑問詞を強めて）一体全体

▶ 単に「地球上で」の意味で使うこともある。

▶ 否定を強める用法もある。

類 in the world

0281

by the way

□□□

ところで

▶「（旅の）途中で，道端に」という意味もある。

類 incidentally

0282

for free

□□□

無料で

▶ くだけた表現。

0283

above all (else)

□□□

とりわけ，特に

類 above all (things)

現代のミュージシャンは皆，多かれ少なかれ彼のうんこに影響を受けている。

Today's musicians have all more or less been influenced by his unko.

あなたが売りに出したうんこは現在，静岡県の男性が所持しています。

The unko you put up for sale is owned by a man in Shizuoka Prefecture at the moment.

うんこをする2時間前には申請書をお出しください。

Please submit your application two hours in advance of doing unko.

人のうんこを勝手に流すなんて一体どういう教育を受けて来たんだ。

What on earth did they teach you for you to flush someone's unko without permission?

ところで，ヨーロッパのうんこに興味はありますか？

By the way, are you interested in European unko?

都内には無料でうんこを預かってくれるサービスが何か所もある。

There are many places that will take your unko for free in Tokyo.

古来よりうんこはさまざまな行事，とりわけ祭りなどでよく使われてきた。

Since ancient times, unko has been used for a variety of events, above all festivals.

1
2
3
4

0284

for (so) long

□□□

長い間

▶ 否定文や疑問文で用いられる。

▶ for a long timeはふつう肯定文で用いる。

0285

point of view

□□□

見地

▶ to the pointは「適切な」という意味。

0286

now that ~

□□□

今はもう～なので，～である以上

▶ ここでの nowは接続詞。

0287

as far as ~

□□□

～する限り

▶ as far as I know「私の知る限り」などのように使う。

0288

whether ~ or not

□□□

～かどうか

▶「(～しよう) とそうでなかろうと」という意味もある。

0289

by the time *S*+*V*

□□□

Sが～するまでに (は)

▶ by the time全体が接続詞的に働く。未来のことに言及するときでも動詞は現在形。

0290

~, so (that) ...

□□□

～だ，その結果…だ

▶ thatは省略されることも多い。その際はsoの後の主語も省略されることがある。

私はうんこの前で長い間正座をしていることができなかった。

I couldn't stay in *seiza* in front of the unko for long.

惑星学の見地から言っても，このうんこは地球上のものとは考えられない。

From the point of view of planetology, as well, this unko cannot be earthly.

彼はもう有名になってしまったので，以前のように気軽にうんこを見せてくれない。

Now that he's famous, he won't casually show us his unko anymore.

我々が知る限り，うんこを動力にして動く車は世界でこれだけだ。

As far as we know, this is the only car in the world that uses unko as its energy source.

この物体がうんこなのかどうかで，科学者たちの意見は真っ二つに分かれている。

The scientists' opinions were split in two as to whether this object is a piece of unko or not.

校長の話が終わるまでに，多くの生徒がうんこに行ってしまった。

By the time the principal finished talking, many of the students had gone to do unko.

昔からさまざまな場所でうんこをしてきた，その結果，教室でうんこをするのにも抵抗がない。

I've done unko in many places over the years, so I have no problem doing it in the classroom.

1
1

1
2

1
3

1
4

0291

neither *A* nor *B*

□□□

Aでも Bでもない

▶ neither *A* nor *B*が主語の場合, 動詞はふつう Bに合わせる。

反 **both *A* and *B*** 「A も B も両方とも」

0292

the+比較級 ～, the+比較級 …

□□□

～であればあるほど, いっそう…である

0293

ahead of ～

□□□

(位置・順番で) ～の先に, ～より進んで, (時間的に) ～より先に

反 **behind** 「～のうしろに」

0294

but for ～

□□□

～がない［なかった］ならば

類 **without**

0295

in favor of ～

□□□

～のほうを選んで, ～に賛成して

▶ in *one's* favorは「～ (人) に有利に」という意味。

0296

on top of ～

□□□

～のてっぺんに［で］

▶「～に加えて」という意味もある。

0297

in response to ～

□□□

～に応じて［答えて］

類 **in answer to ～**

うんこはおもちゃでもアクセサリーでもない。

Unko is neither a toy nor an accessory.

うんこが乾けば乾くほど，指ですりつぶすのが容易になる。

The drier the unko, the easier it is to mash with your fingers.

社長より先にうんこをしてしまい大変失礼しました。

I sincerely apologize for doing unko ahead of the company president.

あなたのうんこがなかったならば，ぼくはアメリカに来ていなかっただろう。

But for your unko, I wouldn't have come to the U.S.

デヴィッドはうんこをもらすことを選び，それ以上急ぐのをやめた。

David stopped pushing himself to go faster in favor of doing unko in his pants.

五重塔のてっぺんでうんこをしている男性がいる。

There is a man doing unko on top of the five-storied pagoda.

観客の歓声に応じて，サッカー選手たちがフィールドでうんこをし始めた。

The soccer players began doing unko on the field in response to the audience's cheers.

1 1

1 2

1 3

1 4

0298

no more than ~

□□□

わずか～

類 only

0299

because of ~

□□□

～の理由で

類 due to ～

0300

except for ~

□□□

～を除いて

▶ except if ～は「～でない［しない］限り」という意味。

類 apart from ～

うんこを持ったわずか 6 人の兵士によって，その戦争は終結を迎えた。

The war ended due to the efforts of no more than six soldiers with unko.

何者かがステージに置いたうんこが原因でバンドは会場から帰ってしまった。

Because of the piece of unko someone had placed on the stage, the band went home.

1,000 人にアンケートを取ったが，きみを除いて全員が，うんこをするとき座るそうだ。

We surveyed 1,000 people, but everyone except for you said that they sit when they do unko.

SECTION 4

0301

go by

□□□

(時などが) たつ，
通り過ぎる

▶ この byは副詞。

0302

stick to ～

□□□

～にくっつく，
(主義・決定など) を堅持する

▶ stick up for ～は「～を支持する」という意味。

0303

specialize in ～

□□□

～を専門にする

▶ 店などが「～を専門に扱う」という時にも使う。

0304

run away

□□□

逃げる，走り去る

▶ run aroundは「バタバタと忙しくする，仕事で駆け回る」という意味。

0305

stand for ～

□□□

～を意味する，
～の略字である

類 represent
類 mean
類 denote

0306

get along

□□□

やっていく

▶「～と仲良くやっていく，～が進む」は，get along with ～。

時がたてば，きっとあなたたち人類のうんこに対する考えも変わると信じています。

I believe that as time **goes by**, you humans will change your view of unko.

こちらのうんこは，どんな材質のものにもぴったりとくっつきます。

This unko will firmly **stick to** any material.

これはうんこの交換を専門にしたアプリだ。

This is an app **specializing in** unko exchange.

父が自分のうんこを見せると，オオカミの群れは逃げて行った。

When my father showed his unko, the wolf pack **ran away**.

遺跡の扉に描かれたうんこの絵は何を意味しているのだろうか。

What could the drawing of unko on the door of the ruins **stand for**?

これだけの量のうんこがあれば，やっていけそうです。

With this much unko, we'll manage to **get along**.

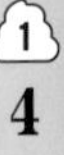

0307

make up ~

□□□

~を作り上げる，
~を構成する

▶ make ~ upの語順も可。

0308

stare at ~

□□□

~をじっと見つめる

0309

turn off (~)

□□□

（スイッチなど）を消す，
（水・ガスなど）を止める，
（明かりなどが）消える

▶ turn ~ offの語順も可。

反 **turn[switch] on** ~「（スイッチなど）をつける」

0310

get lost

□□□

道に迷う

類 **go astray**

0311

drop in

□□□

ちょっと立ち寄る

▶「人」を訪ねて立ち寄る場合は on，「場所」に立ち寄る場合は atが続く。

類 **drop by**

0312

adjust (*A*) to *B*

□□□

（Aを）Bに調節する
［合わせる］

類 **adapt *A* to[for] *B***

0313

set in

□□□

始まる

▶ 主に雨季・病気など好ましくないことに用いる。

合計 655 個のうんこが，この仁王像を作り上げている。

Six hundred and fifty-five pieces of unko **make up** these statues of *Niou*.

父が夜中にリビングでうんこをじっと見つめていた。

My father was up in the living room in the middle of the night **staring at** unko.

部屋の明かりを全て消すと，暗がりの中にぼんやりと光るうんこが見えた。

When I **turned off** all the lights in the room, there was a piece of unko dimly shining in the dark.

先生が道に迷ったせいで 20 人以上の生徒がうんこをもらしました。

The teacher **got lost**, so over 20 of his students did unko in their pants.

うちにちょっと寄って，うんこでもしていかれますか？

Why don't you **drop in** at my place to do a bit of unko?

イスの高さを赤い線に合わせ，画面上のうんこと目線が合うようにしてください。

Adjust the seat's height **to** the red line so that your eyes are in line with the unko on the screen.

力でも金でもなくうんこがものを言う時代が始まるだろう。

An age where neither power nor money but unko makes the world run will **set in**.

0314

prefer *A* to *B*

□□□

Bより Aを好む

類 **like *A* better than *B***

0315

turn on (~)

□□□

（スイッチなど）をつける，
（水・ガスなど）を出す，
（明かりなどが）つく

反 **turn[switch] off ~**
「(スイッチなど)を消す」

0316

come across ~

□□□

~に偶然出会う，
~を偶然見つける

類 **run across ~**

0317

reflect on [upon] ~

□□□

~を熟考［反省］する

▶「~の上に反射する」という意味もある。

0318

have nothing to do with ~

□□□

~とまったく関係がない

▶ nothingの代わりに something, anything, a lot, littleなどを入れ，関係性の強弱を表現する。

0319

offer to *do*

□□□

~することを申し出る

0320

make sure (~)

□□□

（~を）確かめる，
確実に~する

▶ sureの後には that節，to *do*, ofが来る。

類 **make certain**

うんこを飾るなら壁よりも窓際のほうが好きだ。

As far as unko decorations go, I **prefer** putting them on the window sill **to** the wall.

パソコンの電源を入れると，まずうんこの画像が表示されるように設定してもらえますか？

Could you please set my computer so when I **turn** it **on** the first thing that shows is a picture of unko?

さっき，うんこを両手に持ったブライアンに偶然出会ったよ。

I just **came across** Brian, who was holding unko in both hands.

今後うんこをもらさないようにするためどうすればいいか，きみは熟考すべきだ。

You should **reflect upon** what to do so you don't do unko in your pants anymore.

私のうんこは今回の事件とまったく関係がないはずです。

My unko should **have nothing to do with** this incident.

父は，町内のイベントで使うためのうんこを全て自分が提供することを申し出た。

My father **offered to** supply all of the unko to be used in the town event.

退館前に，座席に傘やうんこなどのお忘れ物がないかお確かめください。

Before leaving the building, **make sure** that you haven't left anything on your seat such as an umbrella or a piece of unko.

1 1

1 2

1 3

4

0321

hear from ～

□□□

～から便り［電話・伝言］がある

0322

look out (for ～)

□□□

（～に）気をつける

▶ look out for ～には「～の世話をする，～の面倒を見る」の意味もある。

0323

speak out[up]

□□□

はっきり［思い切って］話す

▶ 反対の意見を述べる場合に多く用いられる。

0324

get along[on] with ～

□□□

～とうまくやっていく

▶ get across ～は「～をわからせる」という意味。

0325

stay up

□□□

（寝ないで）起きている

▶ stay overは「一晩泊まる」という意味。

0326

catch up with [to] ～

□□□

（遅れた状態から）～に追いつく

▶ 物事や勉学の進捗状況にも用いる。

0327

call on[upon] ～

□□□

～を訪問する

▶「～に依頼する」という意味もある。

▶ call at ～，call in ～でも「少し立ち寄る」という意味を表す。

彼からうんこ以外の件で連絡があるなんて珍しい。

How unusual to hear from him about something other than unko!

この先の道へ行くなら，転がってくるうんこに気をつけて。

If you're going to continue down this road, look out for rolling unko.

人前であれだけはっきりとうんこについて話せる学生はなかなかいない。

Very few students can speak out so clearly about unko in public.

友人とうまくやっていきたいなら一緒にうんこをするのが一番だ。

If you want to get along with your friends, it's best to do unko with them.

今夜起きているなら，うんこについてもう少し話さない？

If you're staying up tonight, why don't we talk some more about unko?

先頭集団に追いつきたいなら，背負っているうんこを全部捨てるべきだ。

If you want to catch up with the leading group, you should get rid of all the unko you're carrying.

クラスメート全員でうんこを持って担任の先生の自宅を訪問した。

All of my classmates and I brought unko and called on our homeroom teacher at his home.

0328

go wrong

□□□

失敗する

▶ get ～ wrongは「（事・人）を誤解する」という意味。

0329

correspond to ～

□□□

～に相当する，～に該当する

0330

hesitate to *do*

□□□

～するのをためらう

▶ I hesitate to say, but ～.は「言いにくいことですが～」という意味。相手に好ましくないことを言う際の決まり文句。

0331

turn up

□□□

現れる，起こる

▶「上を向く，（経済などが）上向く」という意味でも使われる。

類 **show up**

0332

carry on (～)

□□□

（～を）続ける

▶ carry ～ onの語順も可。

▶「～し続ける」は，carry on *doing*。

0333

put up with ～

□□□

～を我慢する

類 **tolerate**

類 **endure**

類 **stand**

0334

had better *do*

□□□

～すべきだ

▶ 命令的な響きを持つ。

▶ 否定形はhad better not *do*の語順。

肝心のうんこが時間内に届かなかったので，イベントは失敗した。

The event went wrong because the unko, the most important part, didn't arrive on time.

あなたにとってのお金が，私にとってのうんこに相当する。

Money for you corresponds to unko for me.

想像以上に観客が多かったので，彼はステージでうんこをするのを一瞬ためらった。

The audience was larger than he had imagined, so he momentarily hesitated to do unko on stage.

ハリウッドスターがうんこを持って成田空港に現れた。

A Hollywood star turned up at Narita Airport holding unko.

誰に何を言われようと駅前でのうんこは続けるつもりだ。

I intend to carry on doing unko in front of the station no matter what anyone says about it.

腰の痛みを我慢してうんこをしているので，こんな姿勢になってしまうんです。

I end up in this posture when I do unko because I'm putting up with back pain when I do it.

そのうんこは一刻も早く化学兵器の専門家に見せるべきだ。

We had better show that unko to a chemical weapons specialist as soon as possible.

0335

stand out

□□□

目立つ，際立つ

▶ 形容詞は outstanding「顕著な」。

0336

share *A* with *B*

□□□

AをBと共有する

▶ share and share alikeは「平等に分配する」という意味。

0337

object to ～

□□□

～に反対する

類 oppose

0338

break out

□□□

（火事・戦争などが）起こる

▶「（汗などが）出る」では人が主語になることもある。

0339

take action

□□□

行動を起こす

▶ swing into actionは「すばやく行動する」という意味。

0340

run into [across] ～

□□□

～に偶然出会う，～を偶然見つける

類 come across ～

0341

admit to ～

□□□

～を認める，～を告白する

▶ 他動詞 admit 1語で表すことも多い。

類 confess

彼のうんこはオーディションのときからひときわ目立っていた。

His unko has stood out since the audition.

洗面台でうんこをし続けるなら，もうあなたとは部屋を共有できない。

If you're going to keep doing unko in the bathroom sink, I can't share a room with you anymore.

多くの生徒が，校長のうんこを学校のパンフレットに掲載することに反対しています。

Many students object to putting the principal's unko in the school pamphlet.

昔から，うんこが２つあれば争いが起こると言われている。

It has long been said that wherever there are two pieces of unko, war breaks out.

ロバートのうんこに影響され，当時たくさんの若者が行動を起こした。

Influenced by Robert's unko, many young people of the time took action.

川原でうんこをしていたとき，初恋の人に偶然出会った。

I ran into my first love when I was doing unko at the riverside.

大臣は自分がうんこをもらしていることを最後まで認めなかった。

The minister never admitted to doing unko in his pants.

0342

occur to ～

□□□

～の心に浮かぶ

▶ 心に浮かぶものが主語になる。

0343

stem from ～

□□□

～に起因する

▶ 進行形は不可。

0344

get off ～

□□□

(列車など) から降りる

▶ get on ～は「(バス・馬など) に乗る」という意味。

0345

break in (～)

□□□

(～に) 押し入る, 口を挟む

0346

go over ～

□□□

～を調べる,
～に詳細に目を通す

▶「～を越えていく」の意味もある。

類 look over ～

0347

die out

□□□

絶滅する

▶「(習慣などが) すたれる」という意味もある。

0348

hold on

□□□

(命令文で) 待つ

▶ 通例命令文で用いる。

そのうんこを見たとき，すぐに親友の顔が心に浮かんだ。

When I saw the unko, my best friend's face **occurred to** me immediately.

現代社会の問題の多くは，うんこに関する知識不足に起因するものだ。

The majority of the problems of contemporary society **stem from** insufficient knowledge about unko.

彼はバスを降りるときに大量のうんこを席に忘れて行った。

He forgot a lot of unko in his seat when he **got off** the bus.

突然一人の男性が教室に押し入ってきて，うんこの写真を配り始めた。

A man suddenly **broke in** the classroom and started handing out pictures of unko.

一刻も早くこのうんこのデータを調べて，軍に報告してほしい。

I want you to **go over** the unko data and report to the military as fast as you possibly can.

その科学者は，すでに絶滅した動物のうんこを再現しようとしている。

The scientist is trying to reconstruct the unko of animals that have **died out**.

このうんこの前で待っていて。

Hold on in front of this unko.

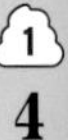

0349

put off ~

□□□

～を延期する

▶ put ～ offの語順も可。

▶「（人）をがっかりさせる，（人）に意欲を失わせる」の意味にもなる。

0350

take ~ for granted

□□□

～を当然のことと思う

▶「～」が長い場合には，take (it) for granted that ～のようにthat節で後置する。

0351

insist on[upon] ~

□□□

～を主張する

▶ insist on *doing*は「どうしても～すると言い張る」という意味。

0352

drop out (of ~)

□□□

（～から）脱落する，（～を）中途退学する

▶ dropoutは「脱落者」「中途退学者」という意味。

0353

mean to *do*

□□□

～するつもりである

▶ mean (for) *A* to *do*は「Aに～してもらうつもりだ」という意味。

0354

be true of ~

□□□

～に当てはまる

▶ ofの代わりにabout, for, withなども使う。

0355

be made of ~

□□□

～でできている

▶ 構成要素がはっきりしている場合にはbe made up of ～，原材料の質的変化が伴う場合にはbe made from ～を使う。

校庭のうんこを片付け終わるまで運動会は延期となります。

The sports festival has been put off until the unko in the schoolyard is cleaned up.

大人になるまで，毎朝玄関先にうんこが置かれているのを当然だと思っていた。

Until I grew up, I took the unko at my doorstep every morning for granted.

彼は自分の好きなタイミングに好きな場所でうんこをすると主張した。

He insisted on doing unko where and when he liked.

きみがコース上でうんこをしていたせいで，多くの選手がレースから脱落した。

Many of the athletes dropped out of the race because you did unko on the course.

大学生になっても，このうんこのやり方を続けるつもりだ。

I mean to continue this way of doing unko when I'm a college student.

あなたがうんこを悪く言う内容のほとんどがあなた自身にも当てはまっているよ。

Most of the complaints you make about unko are also true of you.

この館内にある全てのものがうんこでできているそうだ。

Apparently everything in this building is made of unko.

1

2

3

4

0356

be made from ～

□□□

～からできている

▶一見何からできているのかわからない場合に用いることが多い。

0357

be reluctant to *do*

□□□

～したがらない

類 **be unwilling to *do***

反 **be willing to *do***
「～するのをいとわない」

0358

be close to ～

□□□

～に近い

0359

the last ～ to *do*

□□□

最も…しそうでない～

▶ to *do*の代わりに who節や that節なども来る。

▶「～する最後の…」の意味の場合もある。

0360

to the point

□□□

適切な，要領を得た

反 **beside the point**
「的はずれの，重要ではない」

反 **off[wide of] the mark**
「的をはずれて，間違って」

0361

every other ～

□□□

1つおきの［に］

0362

at last

□□□

ついに，最後に

類 **finally**

あなたに今着ていただいている服も，実は私のうんこからできています。

The clothes you're wearing now are actually all made from my unko.

子供たちはクリストファーのうんこから離れたがらない。

The children are reluctant to part with Christopher's unko.

そこにうんこを置かれると，ちょっとぼくの席に近すぎるのですが。

If you put the unko there, it's a little too close to my seat.

警察官は最もうんこをもらしそうにない職業だと思っていた。

I thought police officers would be the last people to do unko in their pants.

きみの助言が適切だったのでうんこを踏まずにここまで来られた。

I was able to get this far without stepping on unko because your advice was to the point.

うんこに１時間おきに電流を流す実験をしています。

I'm doing an experiment where I run an electric current through unko every other hour.

ついに校長室でうんこをさせてもらうことができた。

At last I was allowed to do unko in the principal's office.

0363

all but ～

□□□

～も同然，ほとんど～

類 almost

類 just about ～

0364

by contrast

□□□

対照的に

▶ by[in] contrast to[with] ～は「～と比べて」という意味。

類 in contrast

0365

over and over (again)

□□□

何度も繰り返し

類 again and again

類 time and again

0366

in[by] comparison (with ～)

□□□

（～と）比較（検討）して

0367

may well *do*

□□□

～するのはもっともだ，～しても不思議ではない

▶ wellには veryが付くことも多い。

▶ mayを mightや couldに代えれば控えめな表現になる。

0368

in need (of ～)

□□□

（～を）必要として

▶ a friend in needなどのことわざでも使う。

0369

back and forth

□□□

前後（左右）に，行ったり来たり

そんなの，一生うんこをするなと言っている**のと同然**じゃないか。

That's **all but** telling me not to do unko ever again for the rest of my life!

私は物静かだが，**対照的に**，父はうんこをするときも大声で歌っている。

I am quiet but, **by contrast**, my father sings loudly even when he does unko.

ベランダでうんこをしないでくれと**何度も繰り返し**言ったでしょう。

I told you **over and over** not to do unko on the balcony.

彼のうんこはほかの人のうんこ**と比較して**だいぶ握りやすい。

His unko is quite easy to grip **in comparison with** other people's unko.

これだけうんこがまき散らされていたら，生徒たちが不登校になる**のももっともだ**。

With pieces of unko scattered about like this, the students **may well** stop attending school.

うんこ**を必要としている**人にうんこを売って何が悪いんですか。

What's wrong with selling unko to people who are **in need of** it?

ケイトはうんこを高々と掲げ，**前後に**振っていた。

Kate raised the unko high and waved it **back and forth**.

0370

nothing but ~

□□□

ただ~だけ，~に過ぎない

▶「~以外は何も…（し）ない」の意味でも使われる。

類 only

類 merely

0371

right away

□□□

直ちに，今すぐ

▶ at onceより口語的。

類 at once

類 right now

0372

at times

□□□

ときどき

▶ at a timeは「一度に」，「続けざまに」という意味。

類 sometimes

0373

as such

□□□

そういうものとして，それ自体

▶ and suchは「~など」という意味。

類 in that capacity

0374

not only *A* but (also) *B*

□□□

AだけではなくBも

▶ onlyの代わりに，merely, simply, justなども使われる。

▶ 全体が主語の場合，受ける動詞はBに合わせる。

0375

for the sake of ~

□□□

~のために

▶ for *one's* sakeの形も多い。

類 for the benefit of ~

0376

for good

□□□

永久に

▶ be no goodは「役に立たない」という意味。

私はただ通りかかっただけで，あなたのうんこを見にここに来たわけではない。

It's not like I came to see your unko. It was **nothing but** a coincidence that I passed by.

全員うんこを持って直ちに司令室まで急行せよ。

All personnel, grab your unko and report to the control room **right away**.

ときどき紫色のうんこが出ることがあるが，特に気にしていない。

At times I do purple unko, but I'm not worried about it.

この村ではうんこは貴重品なので，私たちもそういうものとして扱ってきた。

In this village, unko is a valuable commodity and we treat it **as such**.

うんこは武器としてだけではなく接着剤としても使える。

Unko can **not only** be used as a weapon **but also** as an adhesive.

集めたうんこは子供たちの学習のために使用するつもりです。

We intend to use the unko we've collected **for the sake of** the children's learning.

このうんこは永久に凍ったままにしておくべきだ。

We should keep this unko frozen **for good**.

0377 **would[had] rather *do* (than *do*)** □□□	（…するよりも）むしろ〜したい （…するよりは）〜するほうがましだ
0378 **on *one's*[the] way to 〜** □□□	〜に向かっている途中で
0379 **as good as 〜** □□□	〜も同然，ほとんど〜 ▶「〜と同じくらいよい［上手だ］」の意味でも使う。 類 **almost**
0380 **on the contrary** □□□	それどころか，それに反して ▶ 続けて逆の事実や意見が述べられることが多い。
0381 **up and down** □□□	行ったり来たり，上下に 類 **back and forth** 類 **to and fro**
0382 **at the expense of 〜** □□□	〜を犠牲にして ▶「〜の費用で」という意味でも使う。 類 **at the cost of 〜**
0383 **in contrast (to[with] 〜)** □□□	（〜と）対照的に，（〜と）著しく違って ▶ by contrast (to[with] 〜) とも言う。

テレビゲームよりもむしろきみと一緒にうんこがしたい。

I **would rather** do unko with you **than** play video games.

FBI 捜査官が，事件現場へ向かう途中でうんこをもらした。

An FBI agent did unko in his pants **on the way to** the scene of the incident.

彼にうんこを気に入られたなら，もう優勝したのも同然だ。

Getting him to like your unko is **as good as** winning the contest.

トッドは部屋を片付けていなかった。それどころか，部屋でうんこをしていた。

Todd hadn't cleaned up his room. **On the contrary**, he was doing unko in it.

校長は，学校の廊下を行ったり来たりしてまだうんこを所持している生徒を探した。

The principal was going **up and down** the school corridors looking for students who still had unko.

うんこをする時間を犠牲にしてまで成し遂げたいことって何ですか？

What do you so want to achieve **at the expense of** time to do unko?

姉の趣味が読書であるのと対照的に，弟の趣味はうんこをすることだ。

In contrast to my sister's hobby of reading, my brother's is doing unko.

0384

in charge of ～

□□□

～を預かって，
～を管理して

0385

in the long run

□□□

結局は，長い目で見れば

類 **in the long term**

反 **in the short run[term]**
「短期的には」

0386

by chance

□□□

偶然に

類 **by accident**

0387

let alone ～

□□□

～は言うまでもなく

▶ 通例，否定の文の中で使われる。

▶ let ～ alone「～をそのままにしておく」と区別する。

類 **much[still] less ～**

0388

in that case

□□□

その場合には

▶ that being the caseは「そういう事情なので」という意味。

0389

in person

□□□

（代理人でなく）本人が，自ら

類 **in the flesh**

0390

in short

□□□

つまり，短く言えば

▶ for shortは「略して」という意味。

類 **in brief**

彼のうんこに関する案件は私が預からせてもらっている。

He put me in charge of his unko-related cases.

結局は早めにうんこをもらしてしまった彼のほうが賢かったわけだ。

In the long run, he was the smarter one, having done unko in his pants right away.

ジェシカが学校に持って来たうんこは偶然私のうんこと同じ形だった。

The piece of unko Jessica brought to school was by chance the same shape as mine.

そのうんこは，人力では言うまでもなく，重機でも動かすことができなかった。

Not even heavy machinery could make that piece of unko budge, let alone human strength.

その場合には，こちらも全てのうんこをぶちまけさせてもらいます。

In that case, I'll also put out all my unko.

このシーンは俳優本人がちゃんとうんこをしているそうだ。

I heard that the actor is doing unko in person in this scene.

つまり，あなたは私のうんこを紛失したということですよね？

In short, you lost my unko, right?

0391

to some [a certain] extent

□□□

ある程度

▶ to the extent of ～は「～（の程度に）まで」という意味。

0392

by far

□□□

はるかに，ずっと

▶ 比較級・最上級を強める。

0393

for now

□□□

当分は，今のところは

▶「（後のことはともかく）今のところは」のニュアンス。

類 **for the time being**

0394

and yet

□□□

それにもかかわらず

類 **nevertheless**

0395

if only ～

□□□

～でありさえすれば

▶ ふつう仮定法の文が続く。

0396

not *A* but *B*

□□□

AではなくB

▶ AとBには原則同じ種類の語句が来る。

類 ***B*, (and) not *A***

0397

prior to ～

□□□

～より前で

▶ priorは，senior, juniorなどと共にラテン語系の単語。

▶ これらの語では「～より」はthanではなくtoで表す。

さすがに彼らにもうんこの重要性がある程度伝わってきたようだ。

Even they must understand the significance of unko to some extent by now.

うんこが，ハヤブサよりもはるかに速いスピードで飛んでいった。

The piece of unko flew off at a speed greater by far than that of a falcon's.

ありがとう。もう当分はうんこを送ってくれなくても大丈夫です。

Thanks. For now, you don't need to send me any more unko.

貼り紙までしたが，それにもかかわらず，まだ廊下でうんこをする生徒がいる。

I put up a poster and everything, and yet there are still students who do unko in the hallway.

元気でありさえすれば，3 秒以内にうんこを出せます。

If only I were well, I would do unko within three seconds.

それは松ぼっくりではなくぼくのうんこだ。

That's not a pinecone but a piece of my unko.

ご入室の前に，体についたうんこを洗い流してください。

Please flush the unko stuck to you prior to entering the room.

1
2
3
4

0398

ever since

□□□

それ以来ずっと

▶ everは sinceを強調している。

0399

in (the) face of ～

□□□

～に直面して,
～にもかかわらず

0400

in search of ～

□□□

～を探して［捜して］

類 **in pursuit of ～**

ウェスリーはそれ以来ずっと父のうんこを身につけている。

Wesley has worn a piece of his father's unko ever since.

ファンの否定的意見に直面して，彼は歌唱中にうんこをすることをやめた。

In the face of criticism from his fans, he decided not to do unko in the middle of his song.

その男が残したうんこを探して，多くの海賊が冒険に出た。

Many pirates set out on adventures in search of the unko left by that man.

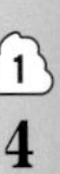

確認テスト 1

これまでに学習した英熟語をまとめています。空欄に当てはまる英熟語を選び，きちんと英熟語の意味を覚えているか確認してみましょう。

1 うんこがモニターに表示されない原因が全く見つけ出せない。

I'll never ____ the reason the monitor won't display unko.

① find out　② suffer from　③ wait for　④ work for

わからなかったら PART 1 SECTION 1 の 0025 を見返そう！

2 少なくとも5,000人の市民がうんこを持ってデモに参加しています。

____ 5,000 citizens carrying unko are participating in the protest.

① A few　② As to　③ At first　④ At least

わからなかったら PART 1 SECTION 1 の 0055 を見返そう！

3 入会できるかどうかはあなたのうんこのクオリティ次第だ。

Whether you can get in or not ____ the quality of your unko.

① believes in　② consists of　③ depends on　④ starts with

わからなかったら PART 1 SECTION 2 の 0110 を見返そう！

4 今までのところ，我が校のうんこが一番高得点をとっている。

____, our school's unko has scored the highest.

① As a whole　② In public　③ On time　④ So far

わからなかったら PART 1 SECTION 2 の 0164 を見返そう！

5 壁に飾られたうんこの写真は，父の華やかだった時代を思い出させる。

The picture of unko on the wall ____ memories of my father's glory days.

① brings back　② hands in　③ takes away　④ writes down

わからなかったら PART 1 SECTION 3 の 0250 を見返そう！

6 しばらくの間ひとりでうんこをさせてくれないかな。

Could you leave me alone to do unko ____ ?

① for a while　② for free　③ no doubt　④ on earth

わからなかったら PART 1 SECTION 3 の 0274 を見返そう！

7 これはうんこの交換を専門にしたアプリだ。

This is an app ____ unko exchange.

① coming across　② getting off　③ objecting to　④ specializing in

わからなかったら PART 1 SECTION 4 の 0303 を見返そう！

8 ベランダでうんこをしないでくれと何度も繰り返し言ったでしょう。

I told you ____ not to do unko on the balcony.

① for good　② in short　③ over and over　④ up and down

わからなかったら PART 1 SECTION 4 の 0365 を見返そう！

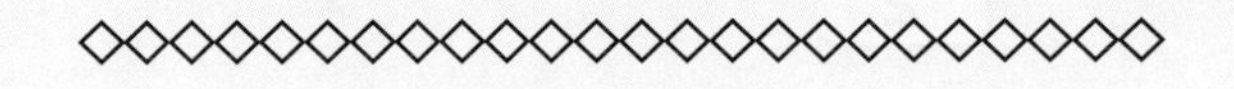

PART

必ず覚えておきたい
標準大学レベル
300語

大学入試問題頻出の英熟語300語じゃ。どの大学の入試問題にも対応できるように，きちんと身につけるのじゃ。

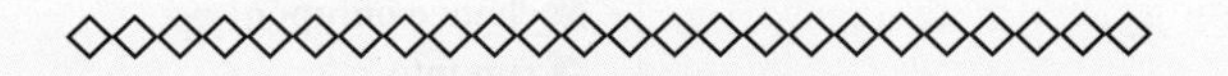

SECTION 1

0401 **major in ～** □□□	～を専攻する
0402 **hang out** □□□	うろつく ▶ くだけた表現。
0403 **invite *A* to *B*** □□□	AをBに招待する ▶ invite *A* to *do*は「Aに～するように依頼する」という意味。
0404 **back up ～** □□□	(車など) を後退させる,(人) を支援する ▶ back ～ upの語順も可。
0405 **use up ～** □□□	～を使い果たす ▶ use ～ upの語順も可。 ▶ be used up は「〔口語で〕疲れ果てている」という意味。 類 **exhaust** 類 **be tired out** 類 **be exhausted**
0406 **bump into ～** □□□	～に偶然出会う 類 **chance on[upon] ～** 類 **run into ～**

大学では哲学を専攻したが，4年間うんこのことばかり考えていた。

I **majored in** philosophy in university but spent all four years thinking about nothing but unko.

最近，頭にうんこをのせた人たちが町内をうろついている。

Lately, people with unko on their heads are **hanging out** all around town.

あなたをこの集いに招待したのは，うんこに興味がありそうだったからだ。

The reason I **invited** you **to** this gathering is because you seemed interested in unko.

父は車を後退させて路上のうんこを次々にひいて行った。

My father **backed up** his car, running over one piece of unko after another on the road.

弾薬を使い果たしても，まだ我々には大量のうんこがある。

Even if we **use up** our ammunition, we still have a large amount of unko.

うんこをもらす寸前のときに限って，彼に偶然出会う。

Of all times, I **bump into** him just when I'm about to do unko in my pants.

0407

turn down ～

□□□

～を拒絶する，
～を却下する

類 **reject**

類 **refuse**

0408

leave *A* (up) to *B*

□□□

AをBに任せる，
AをBに残す

▶ 受動態で使うことも多い。

0409

pay off ～

□□□

～を完済する

▶ pay ～ offの語順も可。

▶ くだけた表現で「うまくいく」という意味もある。

0410

reach for ～

□□□

～を取ろうと手を伸ばす

▶ 伸ばす方向によってdown, up, back, forward, across, inなどの副詞を取る。

類 **reach out ～**

0411

break up (～)

□□□

（～を）解散する［させる］

▶ 他動詞ではbreak ～ upの語順も可。

0412

act on[upon] ～

□□□

～に従って行動する

0413

wipe out ～

□□□

～を一掃する，
～を全滅させる

▶ wipe down ～は「（物・人）をきれいにふく」という意味。

きみはあのとき私の「うんこに行こう」という誘いを拒絶しましたよね？

You turned down my invitation to go do unko before, remember?

そんな仕事は人に任せて，あなたは自分のうんこを掃除してください。

Leave that work to someone else and clean up your own unko.

彼女はうんこを使ったビジネスで 3 億円の借金をひと月で完済した。

She paid off 300 million yen of debt in one month with her business that uses unko.

リチャードがうんこを取ろうと手を伸ばした瞬間，父に先を越された。

Just as Richard was reaching for the piece of unko, his father grabbed it first.

部員の半数が試合中にうんこをもらしたので，野球部は解散させられた。

Half of the baseball team did unko in their pants in the middle of the match, so the team had to break up.

私の指導に従って行動すれば，年間 3,000 個以上うんこを増やせます。

If you act on my instructions, you can increase your unko by more than 3,000 pieces a year.

自分のうんこ一つで敵軍を全滅させた兵士がいるという噂だ。

There's a rumor that a soldier wiped out the entire enemy force with a single piece of unko.

0414

transform *A* into[to] *B*

□□□

Aを B に変質させる［変える］

▶ changeより堅い表現。

0415

refrain from ～

□□□

～を慎む

▶ refrainは自動詞なので refrain *A* from ～ の形はない。

0416

fall down

□□□

落ちる，ひっくり返る

▶「倒れる」や「（人が）失敗する」などの意味もある。

0417

rest on[upon] ～

□□□

～に頼る，～次第である

▶ やや堅い表現。

▶ 進行形にはしない。

0418

count on[upon] ～

□□□

～を頼る，～を当てにする

類 **rely on**[**upon**] ～

類 **depend on**[**upon**] ～

類 **bank on**[**upon**] ～

0419

know of ～

□□□

～について知っている

▶「間接的に知っている」というニュアンスがある。

0420

do *one's* best

□□□

最善を尽くす

▶ do *one's* utmostという表現もある。

彼の手には，全ての物質をうんこに変質させる力が備わっている。

His hand has the power to transform any substance into unko.

本堂でうんこの話をするのは慎んでいただけますか。

We ask that you refrain from talking about unko at the main hall of our temple.

次は，この飛び込み台の上からうんこを抱えて水面に落ちていただきます。

Next, get up on this diving board and fall down into the water holding unko.

いくら過去の栄光に頼っても，あなたが今うんこをもらした事実は消えない。

No matter how great the glory of the past you rest on is, the fact that you just did unko in your pants will not go away.

うんこ関係で困ったことがあったらいつでもぼくを頼ってほしい。

If you ever have any problems related to unko, please count on me.

突然ですが，この写真のうんこについて知っていますか？

This is a bit sudden, but do you know of the unko in this photo?

ぼくがうんこをもらさないように，友人たちは最善を尽くしてくれた。

My friends did their best to prevent me from doing unko in my pants.

0421

separate *A* from *B*

□□□

Bから Aを分離する

▶ separate *A* into *B*は「Aを B（グループなど）に分ける」という意味。

0422

walk through ～

□□□

～を通って歩く

▶ walk *A* through *B*は「A(人）に B（指示や説明）を一通り行う」という意味。

0423

feel like *doing*

□□□

～したい気がする

▶ feel like it「そうしたい」や，feel like a movie「映画を見たい気がする」のように（代）名詞も続く。

▶「～のように感じられる」の意味もある。

類 **be inclined to *do***

0424

get together (～)

□□□

集まる，～を集める

▶ 他動詞では get ～ togetherの語順も可。

0425

settle in ～

□□□

～に定住する

▶ settle on ～は「～を選ぶ」という意味。

▶ settle *A* in[into] *B*は「A(人）を B（環境など）に慣れさせる」という意味。

0426

change *one's* mind

□□□

気が変わる

▶ (Have you) changed your mind?は決心を確かめる決まり文句。

0427

get injured

□□□

けがをする

▶ injureは「～にけがさせる」という意味なので，自分がけがをした場合は get injuredか be injuredという。

ゴミの中からうんこだけを分離してくれる機械を買った。

I bought a machine that will separate unko from other stuff in the garbage.

この村を通っていけば，目的のうんこの目の前に出られるはずです。

If you walk through this village, you should come out right in front of the unko you seek.

こんな夜は海を見ながらうんこがしたい。

I feel like doing unko while gazing at the sea on nights like this.

来月またこのバーで集まってうんこの情報を交換しませんか？

Why don't we get together at this bar again next month to exchange info on unko?

この町の住人とはうんこに対する考え方が合うので，定住しようと思う。

The view of unko held by residents of this town matches mine, so I think I'll be able to settle in here.

あなたのうんこを見たおかげで大統領は気が変わったようだ。

I heard that the president changed his mind after he saw your unko.

うんこが腕に当たってけがをしたので保健室に行ってきます。

A piece of unko hit my arm and I got injured, so I'm going to the nurse's office.

0428

feed on ～

□□□

～を常食［えさ］にする

▶ 通例動物について用いるが，人間についても使われる。

▶ feed *A* on *B*は「AにB（餌）を与える」という意味。

0429

fall behind

□□□

遅れる

▶「（支払いを）滞納する」などの意味でも用いる。

0430

spend (time) (in) *doing*

□□□

～して（時間・期間）を過ごす

▶ inは省略されるのがふつう。

0431

put out ～

□□□

（火・明かりなど）を消す

▶「～を外に出す」という意味でも使われる。

類 **extinguish**

0432

come along

□□□

一緒に来る［行く］

▶ 一緒に来る相手は with ～で表現する。

0433

stick with ～

□□□

～を最後までやり抜く

▶ ややくだけた表現。

0434

hold up ～

□□□

～を持ち上げる，～を支える，持ちこたえる

▶「持ちこたえる」の意味では自動詞。

▶ hold ～ upの語順も可。

そのモンスターはクジラを常食にし，しかもうんこをしないのだそうだ。

Apparently the monster feeds on whales and, what's more, doesn't do unko.

彼のマシンはモーターにうんこが絡まって速度が上がらず，遅れてしまった。

He fell behind, unko having gotten caught in the engine of his machine and prevented it from gaining speed.

会長は，週末は長野の別荘でうんこをして過ごす。

The director spends his weekends at his villa in Nagano doing unko.

本日の動画は，うんこを使って火を消す方法を紹介します。

In today's video, we will show you how to put out a fire using unko.

友だちと6人でうんこに行こうとしたら，先生も一緒に来た。

When five friends and I went to do unko, the teacher came along with us.

何と言われようと，ぼくはこのうんこのやり方で最後までやり抜くつもりだ。

Whatever they say to me, I intend to stick with this way of doing unko until the end.

崖の上の村人たちは手に持ったうんこを高く持ち上げて戦士たちを見送った。

The villagers on top of the cliff held the unko in their hands up high as they saw the soldiers off.

0435

go off

□□□

去る，（電灯などが）消える

0436

go against ～

□□□

～に反する，～に背く

▶「～に不利な結果になる」という意味にも用いる。

0437

set aside ～

□□□

～を取っておく，～をわきに置く，～を蓄える

▶ set ～ asideの語順も可。

0438

get back ～

□□□

～を取り返す

▶ get ～ backの語順も可。

0439

hand *A* to *B*

□□□

BにAを渡す

▶ hand *B A*の語順も可。

0440

advise ～ to *do*

□□□

～に…するよう助言する

▶ advise ～ not to *do*は「～に…しないよう戒める，警告する」という意味。

0441

pass on ～

□□□

（物・情報など）を次に回す，～を伝える

▶ pass ～ onの語順も可。

▶ 遠まわしに「死ぬ」(=pass away)の意味もある。その場合は自動詞。

類 **hand down ～**

枕元にうんこだけを置いて，アントワンは立ち去った。

Placing a piece of unko under his pillow, Antoine went off.

監督の考えに反して，選手たちはうんこを身に付けるのを嫌がった。

Going against the coach's opinion, the players complained about putting unko on their bodies.

毎月一定の量のうんこを取っておいた結果，保管場所がなくなってきた。

Having set aside some unko each month, we've run out of storage space.

その生徒は体育教師に没収されたうんこを取り返そうとした。

The student tried to get the piece of unko that had been confiscated by the PE teacher back.

再入場される際はこちらのうんこを係の者にお渡しください。

To reenter, please hand this piece of unko to the clerk.

弁護士は彼にうんこを持って法廷に来ないよう助言した。

The lawyer advised him not to bring unko to court.

受け取ったうんこはどんどん次の人に回してください。

When you receive a piece of unko, pass it on to the next person.

2 1

2 2

2 3

0442

hold back ~

□□□

～を制止する，
（真相など）を隠す

▶ hold ～ backの語順も可。

0443

take down ~

□□□

～を書き留める，
（建物など）を取り壊す

類 write down ～
類 put down ～

0444

drop by

□□□

ちょっと立ち寄る

▶ 主に米では come by も同じ意味で使われる。

0445

sum up (~)

□□□

（～を）要約する，
（～を）合計する

▶ 他動詞では sum ～ upの語順も可。
類 summarize

0446

go ahead

□□□

（命令文で）どうぞ

▶ go ahead with ～は「～を（どんどん）続ける［進める］」という意味。

0447

bother to *do*

□□□

わざわざ～する

▶ 否定文・疑問文の中で使うのがふつう。
▶ bother *doing*もあるが，あまり使われない。

0448

compensate for ~

□□□

～の埋め合わせをする，
～を補償する

類 make up for ～

メリルは，うんこが勝手に動き始めて制止できなくなったと言う。

Meryl says that her unko started moving on its own and she can no longer **hold** it **back**.

教授がうんこについて話すことは，1語ももらさず書き留めるべきだ。

You should **take down** whatever the professor says about unko word for word.

父はちょっと立ち寄るだけだと言ったが，もう2時間もうんこをしている。

My father said he was just going to **drop by**, but he's been doing unko for two hours now.

要約すると，この本には「うんこはすごい」ということしか書いていない。

To **sum** it **up**, "Unko is awesome" is the only thing written in this book.

本当にあのトラの横でうんこがしたいなら，どうぞ。

If you really want to do unko next to that tiger, **go ahead**.

彼はうんこを手づかみで拾ったので，わざわざ手袋を用意しておく必要はなかった。

He picked up the unko with his hands, so there was no need to **bother to** get gloves.

先日の無礼を埋め合わせするため，こちらのうんこをお持ちしました。

I brought you this piece of unko to **compensate for** my disrespectful behavior the other day.

2 1

2 2

2 3

0449

fill out ～

□□□

（書類など）に書き込む

▶ fill ～ outの語順も可。

▶ fill in ～ もほぼ同じだが，短い空欄を埋めるときに主に使う。

0450

put together ～

□□□

（部品など）を組み立てる，（考えなど）をまとめる

▶ put ～ togetherの語順も可。

0451

sign up (for ～)

□□□

（署名して）（～に）加わる，（受講などの）届け出をする

0452

expose *A* to *B*

□□□

AをBにさらす

▶ *A* is exposed to *B*「AがB（危険など）にさらされる」の形もよく使う。

0453

blame *A* for *B*

□□□

BをAのせいにする，BのことでAを非難する

▶ blame *B* on *A*とすることもできる。

▶ forは「理由・原因」を表す。

0454

check out ～

□□□

～を調査［点検］する，（魅力的なので）～を見てみる

▶ check ～ outの語順も可。

0455

come true

□□□

（夢・予言などが）実現する

このホテルでうんこをするためには 8 枚もの書類に書き込まないといけない。

You have to fill out eight sheets of paperwork to do unko at this hotel.

中庭に大きな台を組み立てて，その上に全員分のうんこを飾ろう。

Let's put a big platform together in the central courtyard and display all of our unko on it.

こちらのうんこが見たい方はオンラインサロンに加入してください。

Anyone who wants to see this unko should sign up for the online salon.

ついに裏社会のうんこが白日の下にさらされる日が来た。

At last, the day has come for the underground community's unko to be exposed to the light of day.

首相はうんこをもらしたことを秘書のせいにした。

The prime minister blamed his secretary for his doing unko in his pants.

あなたの部署はうんこをもらす人が多すぎるので，調査したほうがいい。

Too many people do unko in their pants in your section, so you should check the situation out.

憧れのスターと一緒にうんこがしたいという夢が実現した。

My dream of doing unko with the star I most admire came true.

2 1

2 2

2 3

0456

look over ～

□□□

～を（ざっと）調べる

▶ look ～ overの語順も可。

▶「～越しに見る」の意味でも使う。

0457

approve of ～

□□□

～を承認する，～に賛成する

▶ 他動詞として，単にapproveだけでも同じ意味で使われる。

0458

turn in ～

□□□

～を提出する

▶ turn ～ inの語順も可。

類 **submit**

類 **hand in ～**

0459

eat out

□□□

外食する

反 **eat in**「家で食事する」

0460

add up to ～

□□□

合計～になる

類 **total**

類 **come to ～**

0461

be worried about ～

□□□

～を心配している

▶ worriedは形容詞化しているので，veryで修飾可。

0462

be concerned about[for] ～

□□□

～を心配している

類 **make *oneself* uneasy**

リストをざっと調べたが，大したうんこができる人はいなさそうだ。

I looked over the list, but it didn't look like there was anyone who could do decent unko.

私は 20 歳になるまで親の承認がないとうんこができなかった。

I couldn't do unko without having my parents approve of it until I was 20.

エドワードは，夏休みにしたうんこの回数の報告書を先生に提出した。

Edward turned in his report on how many times he had done unko over summer vacation to the teacher.

今日は外食しに行く予定だったが，父のうんこが長引いて中止になった。

We were planning to eat out today, but my father's unko took too long so we canceled it.

彼が幼少期からこつこつためたうんこは合計 7 万個にもなる。

The pieces of unko he gathered little by little over his early childhood add up to 70,000.

外出中に，引き出しに隠したうんこが見つからないか心配だ。

I'm worried about the unko I hid in the drawer being found when I'm out.

監督は，選手たちがうんこをもらしているんじゃないかと心配している。

The coach is concerned about his players doing unko in their pants.

2
1

2
2

2
3

0463

be eager to *do*

□□□

～することを切望している

類 **be keen to *do***

0464

be worth *doing*

□□□

～する価値がある

0465

be open to ～

□□□

～に開放されている

▶ be open to the publicは「一般公開している」という意味。

0466

be afraid of ～

□□□

～を恐れる［怖がる］，～を心配している

▶ be afraid to *do*は「怖くて～することができない」の意味がふつうだが，文脈によってはこの be afraid of ～と同じ意味にもなる。

0467

be essential for ～

□□□

～には必須である

▶ necessaryより強意的。

0468

be in trouble

□□□

困っている

▶ make trouble for ～は「～を困らせる」という意味。

0469

be superior to ～

□□□

～より優れている

▶ be better than ～より堅い表現。

反 **be inferior to** ～「～より劣っている」

生徒たちは修学旅行にうんこを持って行くことを切望している。

The students are eager to bring unko on the school trip.

興味がないかもしれないが，彼のうんこだけは本当に見る価値がある。

You might not be interested, but at the very least his unko is worth seeing.

確かにこの広場はどなたにも開放されているが，うんこはしないでもらいたい。

While this plaza is open to anyone, please do not do unko here.

人前でうんこをすることを恐れていては成長できないだろう。

You can't grow if you're afraid of doing unko in front of people.

型にはまらないうんこをするために，体の軟らかさは必須だ。

A flexible body is essential for doing unko that doesn't fit the mold.

イギリスから大量のうんこを仕入れたが，全く売れなくて困っている。

I imported a large quantity of unko from the U.K., but I'm in trouble because it's not selling at all.

彼はうんこをするスピードにおいて世界中の誰よりも優れている。

He is superior to everyone else in the world in terms of speed in doing unko.

0470

be in danger (of ~)

□□□

（～の）危険がある

▶ be out of dangerは「危険を脱している」という意味。

0471

be familiar with ~

□□□

（物事）をよく知っている

▶ 主語は「人」。

反 **be unfamiliar with ~**
「～に精通していない，～に慣れていない

0472

be concerned with[in] ~

□□□

～に関係している

▶ concernedのうしろに置く前置詞によって意味が異なるので注意。

0473

be married (to ~)

□□□

（～と）結婚している

▶ *A* married *B*または *A* got[was] married to *B*は「Aは Bと結婚した」という意味。

0474

be equal to ~

□□□

～に等しい

▶「～に等しい」から「（仕事や状況）に対応できる」の意味にも発展する。

類 **be equivalent to ~**

類 **be tantamount to ~**

0475

be sure to *do*

□□□

間違いなく～する

▶ be sure of *A*は「Aを確信している」という意味。

0476

be free from [of] ~

□□□

～がない

▶ 主に好ましくないものや人，心配，苦痛などがないという意味で用いられる。

あなたが火口に投げ込んだうんこによって，火山が噴火する危険がある。

The volcano is in danger of erupting because of the piece of unko you threw in the crater.

若いのにうんこについてよく知っている青年だ。

The young man is very familiar with unko although he's young.

あの司会者はうんこに関係する話題にだけしか反応してくれない。

The chairperson doesn't react to anything except things that are concerned with unko.

彼はもう結婚しているので，今夜うんこに誘っても来てくれないだろう。

He's married now, so he won't come to do unko tonight even if you invite him.

その言い方は，私のうんこを侮辱しているに等しい。

That manner of speaking is equal to insulting my unko.

自分のうんこには間違いなく名札を貼っておくようお願いします。

Be sure to attach a name tag to your piece of unko.

このうんこには人間に有害な物質が含まれていません。

This piece of unko is free from substances that are harmful to humans.

2 1

2 2

2 3

0477

～ to go

□□□

あと～, 残りの～

▶ ～には名詞が来る。

0478

a large amount of ～

□□□

たくさんの～

▶ ofの後ろにはふつう不可算名詞が来る。可算名詞の複数形の場合には amount ではなく numberを使う。

0479

quite a few ～

□□□

かなりの数の～

類 quite a lot of ～

0480

on sale

□□□

販売されて

▶ for saleは「(家などが) 売り物の」という意味。

0481

a great[good] deal (of ～)

□□□

かなりたくさん (の～)

▶ ふつう肯定文で使う。

0482

that is (to say)

□□□

つまり, すなわち

類 namely

類 in other words

類 i.e.

▶ i.e.はラテン語 id estの略。

0483

in total

□□□

全部で

類 in all

類 altogether

教室でのうんこが解禁されるまで，まだあと5日あります。

There are still five days to go until unko is allowed in the classroom again.

道に開いた穴を埋めるため，大量のうんこが用意された。

A large amount of unko had been prepared to fill in the hole in the road.

今週うんこをもらしたことがあるかを尋ねたところ，かなりの数の人が挙手した。

When I asked who had done unko in their pants this week, quite a few people raised their hands.

ファンクラブ限定のうんこがそろそろオンラインで販売されるはずだ。

The limited-edition unko for the fan club should be on sale online soon.

ナタリーは目当てのうんこを手に入れるためかなりの額をつぎ込んでいる。

Natalie is funneling a great deal of money into getting the piece of unko she's after.

彼はパソコンを手に入れるとすぐ，一番興味のあること，つまりうんこのことを調べた。

As soon as he got a computer, he immediately investigated his biggest interest, that is, unko.

数えたところ，そのうんこには全部で27本のつまようじが刺さっていた。

My count says that there are 27 toothpicks stuck in that piece of unko in total.

0484

in return (for ～)

□□□

（～の）お返しに

▶「～の代わりに」という意味もある。

0485

for a moment

□□□

少しの間，一瞬

▶ for the momentは「さしあたり，当座は」という意味。

0486

in itself

□□□

それ自体では，本来は

▶ 指すものが複数の場合には，in themselvesとなる。

類 **in and of itself**

0487

by now

□□□

今頃は，今はもう

▶ for now「今のところ」と混同しないように注意する。

0488

on the whole

□□□

概して，全体的には

類 **in general**

類 **for the most part**

類 **by and large**

0489

in practice

□□□

実際には

類 **in fact**

類 **in reality**

0490

by accident

□□□

偶然に

類 **by chance**

反 **on purpose**「故意に」

反 **by design**「故意に」

寄付していただいたお返しに，こちらのうんこをお贈りします。

In return for your donation, I present you with this unko.

少しの間，目を閉じて，過去のうんこのことを思い浮かべてください。

Close your eyes for a moment and envision your past unko.

うんこはそれ自体では無意味だが，そこに意味を持たせるのが芸術である。

Unko in itself is meaningless; art is what brings meaning to it.

さっき川に流したうんこは，今頃海にたどり着いているだろうか。

I wonder if the unko I threw in the river earlier has gotten to the sea by now.

概して，うんこを否定する人ほど内心ではうんこを欲している。

On the whole, people who reject unko are the ones who most want it.

口で言うのは簡単だが，合図と同時にうんこを出すのは実際には難しい。

It's easy to say, but in practice, it's difficult to do unko simultaneously with the signal.

うんこを投げて遊んでいたら，偶然先生の車に当たってしまった。

When I was tossing a piece of unko around, I hit my teacher's car with it by accident.

0491

on[in] behalf of ～

□□□

～のために，～を代表して

▶ on ～ *one's* behalfで言い換え可。

▶ 堅い表現。

0492

not to mention ～

□□□

～は言うまでもなく

類 **not to speak of ～**

0493

on foot

□□□

徒歩で

▶ 米では単に walkを用いることが多い。

▶「歩いて登校する」は walk to school がふつう。

0494

in detail

□□□

詳細に

▶ in great(er)[more] detail「より詳細に」のように detailには形容詞が付くことも多い。

0495

for the most part

□□□

大部分は，大体は

類 **in general**

0496

from ～ point of view

□□□

～の視点から（は）

▶「～」には所有格のほか，〈a＋形容詞〉が来る。

▶ from ～ viewpointの形もある。

0497

on purpose

□□□

わざと，故意に

▶ 文尾に用いられることが多い。

反 **by chance**「偶然に」

チームのためにキャプテンが率先してうんこを片付けている。

The captain is personally picking up the unko **on behalf of** the team.

うんこをもらしていたので，電車やバスは言うまでもなくタクシーにすら乗れなかったのです。

I had done unko in my pants, so I couldn't get in a taxi, **not to mention** the train or bus.

目印のうんこがある場所まで徒歩で3時間以上かかった。

It took over three hours **on foot** to get to the place with the marked unko.

アダムは自分が過去にした全てのうんこのことを詳細に覚えている。

Adam remembers all the unko he's done in the past **in detail**.

北海道から大量のうんこを空輸したが，大部分は形が崩れていた。

I delivered a large quantity of unko pieces by air from Hokkaido, but they lost their shape **for the most part**.

宇宙的な視点で見れば，人間もうんこも大差はない。

From a cosmic **point of view**, humans and unko aren't so different.

きみはわざと職員室の前でうんこをもらしているよね？

You're doing unko in your pants in front of the teachers' room **on purpose**, aren't you?

0498

with[in] regard to ～

□□□

～に関して

▶ 新しい主題を導入するのに用いることもある。

▶ without regard to[for] ～は「～を無視して」という意味。

0499

contrary to ～

□□□

～に反して

類 against

0500

with respect to ～

□□□

～に関して

▶ やや堅い表現。

類 in respect of ～

お問い合わせのうんこに関しまして，ただいま責任者に確認しております。

With regard to the unko you asked about, we are currently checking with the person in charge.

視聴者の予想に反して，なんとうんこをもらしたのは主人公だった。

Contrary to the expectation of the audience, the one who did unko in his pants was the protagonist.

硬度に関して，彼のうんこを上回るものを見たことがない。

With respect to hardness, I have never seen a piece of unko that surpasses his.

SECTION 2

0501 **inform *A* of[about] *B*** □□□	AにBを知らせる 類 **notify *A* of *B***
0502 **laugh at ～** □□□	～を笑う ▶人をあざ笑う，嘲笑するという意味でも使われる。
0503 **give away ～** □□□	～をただでやる，～を配る，（秘密など）を漏らす ▶give ～ awayの語順も可。
0504 **break into ～** □□□	～に侵入する
0505 **get over ～** □□□	（病気など）から回復する，～を克服する 類 **recover from ～**
0506 **embark on[upon] ～** □□□	（事業・計画など）に乗り出す，～を始める ▶embark for ～は「～へ船出する」という意味。

うんこを持った男が接近していることを彼に知らせるべきだ。

We should **inform** him **of** the man approaching with unko.

20 年前にあなたがぼくのうんこを笑ったことを忘れていません。

I have not forgotten that you **laughed at** my unko 20 years ago.

社長は, 自分が所有していたうんこを全て部下にただで配った。

The company president **gave away** all the pieces of unko he owned to his employees.

今回の任務は, この要塞に侵入してボスのうんこを奪還してくることだ。

Our mission this time is to **break into** this fortress and retrieve the boss's unko.

息子は, 風邪が回復した途端に友だちとうんこをしに行ってしまった。

As soon as my son **got over** his cold, he went off to do unko with his friends.

この 2, 3 年で, 多くの大企業が続々とうんこビジネスに乗り出している。

Over the past two to three years, many large companies have **embarked on** unko businesses one after the other.

0507

fall in love with ～

□□□

～と恋に落ちる，
～が大好きになる

▶ be in love with ～は「～と恋に落ちている」という状態を表す。

0508

thank ～ for ...

□□□

～に…を感謝する

0509

move on to ～

□□□

～に移る，～に進む

類 proceed to ～

0510

take a break

□□□

一休みする

0511

remember to *do*

□□□

忘れずに～する

▶ remember *doing*は「～したことを覚えている」という意味。

0512

give way (to ～)

□□□

（～に）屈する，
（～に）道を譲る

類 give ground to ～

0513

stand by

□□□

待機する，傍観する

▶「～のそばに立つ」という文字どおりの意味にもなる。

類 stand up for ～

彼女はうんこを持った男を見るとすぐに恋に落ちてしまう。

Every time she sees a man with unko, she falls in love with him.

ぼくのうんこの紹介動画に温かいコメントをいただき，感謝いたします。

I thank you all for the warm comments you posted about my video introducing my unko.

そろそろ本題であるうんこの話題に移りませんか？

It's about time we moved on to the main topic, unko, isn't it?

きみはもう 18 時間もうんこをしているので，一休みしたほうがいい。

You've been doing unko for 18 hours now, so you should take a break.

毎朝このうんこを日なたに出すのを忘れないでください。

Remember to put this piece of unko in the sun every morning.

チャウは政府の圧力に屈して大切なうんこを渡してしまった。

Chow gave way to government pressure and handed over the precious piece of unko.

彼がうんこをするときは常に 6 人の護衛がそばで待機している。

When he does unko, there are always six bodyguards standing by.

0514

give in (to ~)

□□□

（～に）屈服する

▶ give ～ inの語順も可。

類 surrender (to ～)

類 yield (to ～)

0515

fall apart

□□□

ばらばらになる

類 break apart

0516

live up to ~

□□□

（期待など）に応える，
～に恥じない行動をする，
（義務など）を果たす

0517

translate *A* into *B*

□□□

AをBに翻訳する

▶ translate ～ from *A* into *B*は「～をAからBに翻訳する」という意味。

類 put *A* into *B*

0518

discourage *A* from *B*

□□□

A（人）にBを
思いとどまらせる

▶ fromが持つ意味にはいくつかあり，ここでは「抑制・防止」を意味する。

0519

show off (~)

□□□

（～を）見せびらかす

▶ 他動詞では show ～ offの語順も可。

0520

take a risk[risks]

□□□

（あえて）危険を冒す

▶ take the risk of *doing*は「～することを覚悟でやる」という意味。

山の民たちは帝国の侵攻に屈服せず，最後までうんこをし続けた。

The mountain people didn't give in to the emperor's invasion and kept doing unko until the end.

かつて共にうんこをした仲間たちも今ではばらばらになってしまった。

The group of comrades who once did unko together now have fallen apart.

彼がステージでうんこをする理由は，ファンの期待に応えるためだ。

The reason he does unko on stage is to live up to his fans' expectations.

その剣に彫られた文字を現代語に翻訳すると「うんこ」という意味になった。

When we translated the characters carved into the sword into modern language, they meant "unko."

彼のうんこには，人に悪事を思いとどまらせる不思議な力がある。

His unko has a mysterious ability to discourage people from doing bad things.

学校にうんこを持ってきてもいいが，あまり見せびらかすのはよしなさい。

You can bring your unko to school, but don't show it off too much.

どんな危険を冒してでも，このうんこだけは手に入れたかったのだ。

I wanted to obtain this unko no matter the risk I had to take.

0521

have a look (at ~)

□□□

（~を）見る

類 **take a look (at ~)**

類 **get a look (at ~)**

0522

lay out ~

□□□

~を設計する，~を並べる

▶ lay ~ outの語順も可。

類 **set out ~**

0523

deprive *A* of *B*

□□□

AからBを奪う

▶ deprive *oneself* of ~は「（楽しみなどを）自ら奪う」という意味。

類 **take *B* away from *A***

0524

get away from ~

□□□

~から逃れる

▶ Get away with you!は「そんなばかな！」という意味。

類 **escape from ~**

0525

check in

□□□

宿泊［搭乗］手続きをする，チェックインする

▶ check outは「（ホテルなどから手続きして）出る」という意味。

0526

wear out (~)

□□□

~をすり減らす［疲れ果てさせる］，すり減る

▶ be worn outは「疲れ果てている」という意味。

0527

substitute (*A*) for *B*

□□□

Bの代わりに（Aを）使う

▶ substitute *B* with *A*の形もある。

このうんこを見て。

Have a look at this piece of unko.

我が家の倉庫は，うんこが置きやすいように設計されている。

Our warehouse is laid out to make it easy to arrange unko.

あなたがうんこの話ばかりするのでみんなの時間が奪われている。

You're depriving us of time because all you'll talk about is unko.

支配者の手から逃れ，彼らはようやく自由にうんこができるようになった。

Having gotten away from the ruler, they were finally free to do unko as they wished.

すみませんがうんこがもれそうなので先にチェックインさせてもらえませんか？

Sorry, but I'm about to do unko in my pants, so can we check in first?

彼がうんこを見せてくるたびに我々の精神はどんどんすり減っていく。

We get more and more worn out each time he shows us unko.

当園では現金やクレジットカードの代わりにうんこを使うことができます。

At our amusement park, you can substitute unko for cash and credit cards.

0528

get through (~)

□□□

~を通り抜ける

▶「(仕事などを) 終える」という意味でも使われる。

0529

hand over ~

□□□

~を引き渡す, ~を手渡す

▶ hand ~ overの語順も可。

▶ 公的な譲渡などに使われることが多い。

類 **hand in ~**

類 **give in ~**

0530

look down on[upon] ~

□□□

~を軽べつする

反 **look up to ~**「~を尊敬する」

0531

resort to ~

□□□

(手段など) に訴える, ~に頼る

▶ toは前置詞で, 後には (動) 名詞がくる。

▶「好ましくない手段に訴える」ニュアンスであることが多い。

0532

set off (~)

□□□

出発する, ~を引き起こす

▶ 他動詞ではset ~ offの語順も可。

類 **set out**

0533

replace *A* with [by] *B*

□□□

AをBと取り替える

類 **change *A* with *B***

0534

associate *A* with *B*

□□□

AをBと結び付けて考える

▶ be associated with ~は「~と関係 [提携] している」という意味。

類 **connect *A* with *B***

中庭を通り抜ける間に 38 個のうんこを見た。

I saw 38 pieces of unko by the time I had gotten through the courtyard.

本日，持ち主不明のうんこを全て警察に引き渡した。

Today, we handed over all the unko whose owners were unknown to the police.

私は人のうんこに敬意を払えない人物を軽べつする。

I look down on people who can't respect the unko of others.

議論で負けた彼はうんこをまき散らすという手段に訴えた。

Having lost the debate, he resorted to throwing unko around.

父がずっとうんこをしていて，一向に出発できない。

My father has been doing unko forever, so we can't set off.

そこの花の絵をうんこの絵と取り替えると，もっと運気が上がりますよ。

If you replace the picture of the flower with a picture of unko, you'll have more luck.

サンドラは経済をうんこと結び付けて考えることで有名な評論家だ。

Sandra is a famous thinker who associates economics with unko.

2 1

2 2

2 3

0535 **rule out ～** □□□	（可能性など）を排除する，～を認めない ▶ rule ～ outの語順も可。
0536 **sit up late** □□□	夜遅くまで起きている
0537 **give up on ～** □□□	～に見切りをつける
0538 **turn over (～)** □□□	（～を）めくる，（～を）ひっくり返す，ひっくり返る ▶ turn ～ overの語順も可。
0539 **cut in** □□□	（人・車が）割り込む ▶ cut in on ～や cut into ～は「～に割り込む」という意味。
0540 **hang around** □□□	ぶらつく，付き合う 類 hang about 類 hang round
0541 **hand out ～** □□□	～を配布する ▶ hand in ～は「～を提出する」という意味。

彼が生放送中にうんこをもらす可能性は排除できない。

We can't **rule out** the possibility that he will do unko in his pants during the live broadcast.

きみがうんこをし終わるまで，いつまででも起きているよ。

I'll **sit up** as **late** as is necessary for you to finish doing unko.

彼らは早々にイベントに見切りをつけて，うんこをしに行ってしまった。

They quickly **gave up on** the event and went to do unko.

そのうんこの特徴を聞いた途端，書類をめくる彼の手が止まった。

As soon as he heard about the characteristics of that unko, he stopped **turning** the sheet **over**.

ダニーはいつも会話に割り込んできてうんこの話を始める。

Danny always **cuts in** on conversations and starts talking about unko.

昔はよくこの辺りを友達とぶらついてうんこを探したものだ。

I used to **hang around** this area with my friends searching for unko quite often.

新しく赴任してきた校長が自分のうんこの写真を全校生徒に配布した。

The newly appointed principal **handed out** pictures of his unko to all the students.

2 1

2 2

2 3

0542

shut down

□□□

閉鎖される

▶ shut upは「(ふつう命令で) 黙れ」という意味でやや乱暴な表現。

0543

fill up ～

□□□

～を塞ぐ，
～を満タンにする

反 **empty** (**out**) ～「～を空にする」

0544

persist in ～

□□□

～に固執する，
～を主張する

▶ ～に名詞が来る場合には inが withになることもある。

0545

call off ～

□□□

～を中止する，
～を取り消す

▶ cancelがホテルや飲食店の予約に対して使えるのに対して call off ～は ふつう使わないことに注意。

0546

try out ～

□□□

～を試験する，～を試す

▶ try out for ～は「～の一員になるためのテストを受ける」という意味。

0547

take control of ～

□□□

～を支配
［管理・制御］する

▶ takeの代わりに gain, get, have なども使う。

反 **lose control of** ～「～を支配［管理，制御］できなくなる」

0548

come about

□□□

起こる

▶ bring about ～は「～を引き起こす」という意味。

あまりにもうんこの放置が多いため，体育館が閉鎖されてしまった。

People left so much unko in the gym that it had to **shut down**.

彼は堤防に開いた穴を自分のうんこで塞いだ。

He **filled up** the hole in the dike with his own unko.

うんこに固執せず，もっと幅広いジャンルに興味を持った方がいい。

You should stop **persisting in** unko and expand your interests to a wider variety of genres.

予定されていた数のうんこが集まらなかったため，イベントは中止します。

We didn't achieve the planned number of pieces of unko, so we are **calling off** the event.

瞬間接着剤を買ってきたので，2つのうんこで試してみよう。

I got some instant adhesive, so let's **try** it **out** on two pieces of unko.

この町のうんこはアンダーソン家が全て支配している。

The Andersons have **taken control of** all the unko in this town.

このような状況を起こした原因は全て父のうんこにあった。

The cause of this situation **coming about** was entirely my father's unko.

0549

take (a) hold (of ~)

□□□

（～を）つかむ，
（～を）捕まえる

▶ take a hold in ～は「（場所）に定着する」という意味。

0550

hand down ~

□□□

～を子孫［後世］に伝える

▶ hand ～ downの語順も可。

類 **pass down ～**

0551

leave ~ alone

□□□

～をそのままにしておく，
～に干渉しない

類 **let ～ alone**

0552

compare *A* to[with] *B*

□□□

AをBと比較する，
AをBにたとえる

▶ contrast *A* with *B*は「Aを Bと対比する」という意味。

0553

attach *A* to *B*

□□□

AをBに取りつける
［付与する］

0554

have *A* in common (with *B*)

□□□

（Bと）共通に
Aを持っている

▶ in commonは「共同の」という意味。

0555

look up to ~

□□□

～を尊敬する

▶ 単に「（空など）を見上げる」は look up at ～がふつう。

類 **respect**

各自思い思いのうんこを手につかみ，太鼓にあわせて振り回した。

Each took hold of a piece of unko and waved it about in tune with the drum.

このうんこのやり方はもう300年以上もうちの家系に伝えられてきたものだ。

This method of doing unko has been handed down in my family for over 300 years.

ロッカーの中に入れてあるうんこはそのままにしてお帰りください。

Upon leaving, please leave the piece of unko in the locker alone.

自分のうんこと他人のうんこを比較して落ち込むのはばかばかしいことだ。

It's ridiculous to get yourself down comparing your unko to someone else's.

雨天のときのために，うんこに防水カバーを取りつけておこう。

Let's attach a waterproof cover to the piece of unko in case of rain.

あなたのうんこと犯人のうんこは共通点が多い。

Your unko has many points in common with the offender's unko.

ジュリーは誰の前でも堂々とうんこができる兄を尊敬していた。

Julie looked up to her brother because he could proudly do unko no matter who was watching.

0556

be engaged in ～

□□□

～に従事している，忙しく～している

▶ be engaged to ～ は「～と婚約中である」という意味。

0557

be dependent on[upon] ～

□□□

～に依存している

▶ be independent of ～は「～に依存しない」という意味。

0558

be subject to ～

□□□

～を受けやすい，～に服従している

0559

be opposed to ～

□□□

～に反対である

▶ as opposed to ～は「～とは対照的に」という意味。

類 be against ～

0560

be ready for ～

□□□

～の用意ができている

▶ be ready to *do*は「喜んでする」という意味。

0561

be proud of ～

□□□

～を誇りにしている

類 take pride in ～

0562

be composed of ～

□□□

～から構成されている

▶ consist of ～と異なり受動態で用いる。

ロンはカナダのうんこを世界に広める仕事に従事している。

Ron is engaged in work to spread Canadian unko around the world.

私は専門家ではないが，彼はうんこに精神的に依存していると思う。

It's not my specialty, but I believe he's psychologically dependent on unko.

彼がうんこをする速度は気温の影響を受けやすい。

The speed at which he does unko is subject to influence from the temperature.

卒業アルバムにうんこの写真を掲載することに反対している生徒もいる。

Some students are opposed to putting pictures of unko in the graduation album.

さあ，ステージでうんこをする用意はできていますか？

Okay, are you ready for on-stage unko-doing?

国連事務総長がうんこを見に来たことは，ぼくの誇りです。

I'm proud of the fact that the UN Secretary-General came to see my unko.

この絵はよく見るといくつかのうんこから構成されている。

If you look closely, this painting is composed of several pieces of unko.

0563

be surrounded by[with] ~

□□□

～に囲まれている

0564

be equivalent to ~

□□□

～に等しい

類 be equal to ～

類 be tantamount to ～

0565

be impressed by ~

□□□

～に感銘を受ける

0566

be popular with[among] ~

□□□

～に人気がある

反 be unpopular with[among] ～「～に人気がない」

0567

be independent of ~

□□□

～から独立している

反 be dependent on[upon] ～「～に頼っている」

0568

per capita

□□□

1人当たりの［で］

類 per person[head]

0569

a bunch of ~

□□□

たくさんの～，多量の～

類 a lot of ～

類 a ton of ～

私のうんこを渡しておくので，山でオオカミに囲まれたときに使いなさい。

I'll give you some of my unko, so use it if you're surrounded by wolves in the mountains.

音楽室でうんこをしたことがある生徒の人数は全校生徒の半数に等しい。

The number of students who have done unko in the music room is equivalent to half the student body.

あなたの映画に感銘を受けて，うんこの動画を撮り始めました。

I was impressed by your movie and started making my own unko videos.

新しく始まったうんこの番組は意外にも女性に人気がある。

The recently-debuted unko show is unexpectedly popular with women.

ロブは事務所から独立し，フリーでうんこをする仕事を始めた。

Now Rob is independent of the agency and has started a job doing unko as a freelancer.

大量のうんこが手に入ったが，人数で割ると1人当たりに配れる量は少ない。

We have obtained a large quantity of pieces of unko, but if we divide them by the number of people, the amount we can distribute per capita is small.

昔はうんこについて話せる相手がいなかったが，今ではたくさんの仲間がいる。

I didn't use to have any friends I could talk to about unko, but now I have a bunch of them.

0570 **anything but ～** □□□	全然～ではない, ～どころではない 類 far from ～
0571 **hardly ever ～** □□□	めったに～ない 類 rarely
0572 **(just) around the corner** □□□	(距離・時間的に) すぐ近くに ▶「角を曲がった所に」という意味でも使われる。
0573 **all the same** □□□	それでもやはり 類 just the same
0574 **first of all** □□□	まず第一に ▶ at first「最初は」と混同しないこと。
0575 **in theory** □□□	理論上は 反 in practice「実際には」
0576 **in the beginning** □□□	最初の頃は 類 first of all

この程度のうんこはぼくにとって全然珍しくない。

This sort of unko is anything but unusual to me.

父はめったに笑わないが，うんこを見たときだけは転げ回って爆笑する。

My father hardly ever laughs, but when he sees unko, he rolls around laughing his head off.

そのとき，注文したうんこは家のすぐ近くまで来ていた。

At the time, the unko I had ordered was just around the corner from my house.

医者には幻覚だと言われたが，それでもやはりそこら中にうんこが見える。

The doctor told me it was a hallucination, but I see unko everywhere all the same.

まず第一に，皆さんがこれまでしてきたうんこのやり方はこの場で忘れてください。

First of all, I want all of you to forget how you've done unko up until now immediately.

この方法を使えば理論上は無限にうんこが増やせるはずだ。

If we use this method, we should, in theory, be able to increase the amount of unko infinitely.

私も最初の頃は１つ１つのうんこの区別なんてつかなかった。

I, too, couldn't tell pieces of unko apart in the beginning.

2
1

2
2

2
3

0577 **in a sense** □□□	ある意味では, ある程度は 類 in one sense 類 in a certain sense
0578 **in a hurry** □□□	急いで, あせって 類 in haste
0579 **nothing more than ~** □□□	~に過ぎない, ~でしかない
0580 **on board ~** □□□	(乗り物) に乗って
0581 **(every) once in a while** □□□	ときどき, 時折 類 at times 類 from time to time
0582 **all at once** □□□	突然 類 suddenly
0583 **so much for ~** □□□	~はこれくらいにして

ある意味では，誰もがうんこの奴隷である。

In a sense, we are all slaves to unko.

今回の件で，急いでうんこをするとろくなことがないと思い知った。

This experience has taught me that nothing good comes from doing unko in a hurry.

私たちは皆うんこの入れ物に過ぎない。

We are nothing more than containers for unko.

ファレリー氏は，うんこ 36 個を隠し持ったまま飛行機に乗ることに成功した。

Mr. Farrelly managed to get on board the plane while concealing 36 pieces of unko.

ときどき，人の背後にうんこのようなものが浮遊しているのが見える。

Once in a while, I see something similar to a piece of unko floating in the air behind people's backs.

突然バスの運転手がマイクでうんこの話をし始めた。

All at once, the bus driver started talking about unko on the microphone.

数学の勉強はこれくらいにして，残り時間はみんなでうんこでもしよう。

So much for studying math. Let's use the rest of the time to do unko or something.

0584

from time to time

□□□

ときどき，時折

類 (every) once in a while

類 now and then

0585

in sight

□□□

見えて，視界に入って

反 out of sight「見えないところに」

0586

the other way around[round]

□□□

あべこべに，逆に

類 the opposite way around

類 the wrong way around

0587

for short

□□□

略して

▶ in shortは「要約すると」，「手短に言うと」という意味。

0588

one by one

□□□

1つずつ

▶ one after anotherは「次々に」という意味。

0589

to begin with

□□□

最初に

▶ secondlyは「次に」という意味。

類 to start with

0590

as usual

□□□

いつものように

▶「いつもより～」は，〈比較級＋ than usual〉。

彼のような革命的なうんこをする生徒がときどき現れる。

A student who can do revolutionary unko like him appears from time to time.

もしうんこを持った男の姿が見えたら，すぐに私に知らせてほしい。

If ever you find a man in sight who's holding unko, let me know right away.

兵士たちは指令と全くあべこべの方向に向かってうんこを投げた。

The soldiers faced the other way around from where the commander had said and threw unko.

最近の若者は「うんこ」という言葉を略して「U」と呼ぶそうだ。

I heard that young people these days say "U" for short instead of "unko."

職人が袋からうんこを1つずつ取り出し，厳しくチェックしている。

The craftsperson is taking each piece of unko out of the bag one by one and examining it closely.

まず最初に，きみだけじゃなく，ぼくも彼もうんこをもらしている。

To begin with, not just you, but he and I have also done unko in our pants.

先生はいつものように授業が始まって5分後にはうんこに行ってしまった。

The teacher went to do unko five minutes after starting class, as usual.

0591

in any case

□□□

とにかく，いずれにしても

類 in any event

類 anyway

0592

at a loss

□□□

途方に暮れて，困って，損をして

類 at *one's* wits' end

0593

from scratch

□□□

最初から

類 from the (very) beginning

0594

(every) now and then

□□□

ときどき

類 from time to time

類 occasionally

0595

by nature

□□□

元来，生まれつき

0596

some ～, others ...

□□□

～もいれば，…もいる

0597

this[that] is because ～

□□□

なぜなら～

▶「理由，原因」を述べるときに使う this is becauseと異なり，this is whyは「結果」を表す。

とにかく，うんこまみれの方は入店をお断りさせていただいているんです。

In any case, we do not allow people covered in unko to enter our shop.

ベンチに置いておいたうんこが無くなっており，私は途方に暮れてしまった。

I was at a loss because the piece of unko I'd left on the bench was gone.

正しいうんこの画像が表示されないので，プログラムを最初からやり直そう。

It won't display the correct picture of unko, so let's write the program again from scratch.

ときどき，昔のうんこの写真を見ながらうんこをすることがある。

Every now and then I do unko while looking at pictures of my old pieces of unko.

ドゥニは元来あんな格好でうんこをするような人間ではなかった。

Denis isn't the type of person to do unko dressed like that by nature.

うんこは座ってするという者もいれば，寝てするという者もいる。

Some people do unko while sitting, others do it while lying down.

私は彼の話をまともに聞かなかった。なぜなら彼が両手にうんこを持っていたからだ。

I didn't listen to him properly. That was because he had unko in his hands.

0598

for fear (that) ～

□□□

～しないように

類 for fear of ～

0599

given (that) *S*+*V*

□□□

Sが～であることを考慮すれば，Sが～なので

▶ 語句が続く場合には〈given＋語（句）〉となり，そのときの givenは前置詞的。

0600

by means of ～

□□□

～によって，～を用いて

▶ やや堅い表現であるが，かなりの頻度で使われる。

類 with the help of ～

うんこが途中でこぼれないように，容器を二重三重にして運んだ。

For fear that the unko would spill, I layered multiple containers of it when I carried it.

彼が科学者であることを考慮すれば，そのうんこの話を信じてもいいかもしれない。

Given that he is a scientist, it may be safe to believe the story about unko.

うんこの熱によって電力を作るシステムが間もなく完成する。

A system for creating energy by means of unko heat will soon be completed.

SECTION 3

0601

abound in[with] ~

□□□

（場所が）～に富む

0602

apologize (to *A*) for *B*

□□□

Bのことで（A（人）に）謝る

▶ A, Bをそれぞれ主語にして受動態にできる。

0603

go along with ~

□□□

～に賛成する

▶「（人）と仲良くやっていく」という意味の get along with ～との混同に注意。

0604

run over ~

□□□

（車が）～をひく

▶ run ～ overの語順も可。

▶「～を復習する，～を繰り返す」の意味もある。

0605

hang up (~)

□□□

電話を切る，～を中断する，（壁などに）～を掛ける

▶ 他動詞では hang ～ upの語順も可。

0606

come by ~

□□□

～を手に入れる

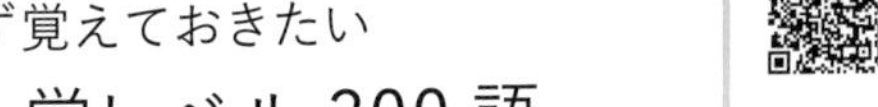

必ず覚えておきたい

▸ 標準大学レベル 300 語

このうんこを数日間庭に置いておくだけで，植物が豊富になる。

The garden will **abound in** plant life if you leave some unko in it for a few days.

きみに借りたうんこを勝手にオークションに出してしまったことを謝りたい。

I'd like to **apologize to** you **for** putting the unko I borrowed from you up for auction without asking.

私の意見に賛成の人は手元のうんこを上にあげてください。

Those who are willing to **go along with** my idea, raise your piece of unko.

真っ赤なスポーツカーが路上のうんこを次々にひいていく。

There is a bright red sports car **running over** pieces of unko on the road one after the other.

係の者がまもなくうんこから戻りますので，電話を切らずにお待ちください。

The person in charge will return from doing unko shortly, so please hold and don't **hang up**.

ティムが古道具店でそのうんこを手に入れたことが，全ての始まりだった。

Everything began when Tim **came by** that piece of unko at the secondhand shop.

0607

amount to ～

□□□

総計～になる

▶ 意味がさらに転じて，「結果として～となる，～に等しい」という意味にもなる。

0608

feel sorry for ～

□□□

～を気の毒に思う，～に同情する

0609

look away

□□□

目をそらす

類 **avert *one's* eyes**

0610

single out ～

□□□

～を選び出す

▶ single ～ outの語順も可。

類 **select**

類 **choose**

0611

connect *A* to *B*

□□□

AをBに接続する

▶ disconnect *A* with *B*は「Bを使ってAとの接続を切る」と言う意味。

0612

regard *A* as *B*

□□□

AをBと見なす

類 **see *A* as *B***

0613

save *A* from *B*

□□□

AをBから救う

▶ save on ～は「(食物・燃料など)を節約する」という意味。

彼が駅前で12年間にわたって配り続けたうんこの数は総計219万個にもなる。

The unko he distributed at the station over 12 years amounts to 2,190,000 pieces.

うんこの奥深さを知らずに青春時代を終えてしまう人を気の毒に思う。

I feel sorry for people who go through their youth without discovering the depth of unko.

うんこからほんの一瞬目をそらした隙に，対戦相手に奪われてしまった。

When I looked away from my unko for just a second, my opponent seized it.

彼は数百個あるうんこの中からいとも簡単に指定のうんこを選び出す。

He singles out the specified piece of unko from among several hundred pieces as if it were the easiest thing in the world.

おじいちゃんがうんこをUSBケーブルでパソコンに接続しようとしている。

Grandpa is trying to connect his unko to the computer with a USB cable.

あの一本杉のてっぺんでうんこをすると，一人前の戦士と見なされる。

If you do unko at the top of that lone cedar tree, you will be regarded as a full-fledged warrior.

私たちはうんこを虐待から救う活動をしているNPO法人です。

We're an NPO working to save unko from abuse.

2
1

2
2

2
3

0614

do harm to ~

□□□

～に損害を与える

▶ do ～ harmの形も可。

0615

do without (~)

□□□

(～) なしですます

類 go without (～)

▶ do[go] withoutの後の目的語がなく，自動詞的に使われる場合もある。

0616

pay back ~

□□□

～に借りた金を返す

▶ 口語的な表現に pay offがある。

類 repay

0617

take account of ~

□□□

～を考慮に入れる

類 take ～ into account

0618

take turns

□□□

交替する

▶ take turnsの後には，*doing*, at[in] *doing*, to *do*のいずれも続けることが可能だが，*doing*が一般的。

0619

lie down

□□□

横になる

▶ lie upは「静養する」という意味。

▶ 命令文で Lie down.は「伏せろ」という意味。

0620

sit up

□□□

起き上がる，
(寝ないで) 起きている

きみのうんこがチームにどれだけの損害を与えたかわかっていますか？

Do you understand how much **harm** your unko has **done to** the team?

一度はうんこなしですまそうとしたが，それではパーティーが成立しないことがわかった。

I tried to **do without** unko once, and that's when I learned that without unko it's just not a party.

うんこの話はもういいので早くお金を返してもらえませんか？

That's enough talk about unko, so hurry up and **pay back** the money, would you?

試合中にキーパーがうんこをもらしたときのことも考慮に入れなければならない。

We have to **take account of** the fact that the keeper does unko in his pants during the match.

その双子は何度も交替しながらうんこをした。

The twins **took turns** doing unko over and over.

ここに横になると，奥にあるうんこがよく見えるよ。

If you **lie down** here, you can see the piece of unko down there really well.

彼女はベッドから起き上がり，夢の中に出てきたうんこの絵を描き始めた。

She **sat up** in bed and started drawing the unko she had seen in her dreams.

0621

turn around

□□□

回転する，意見を変える

▶ turn awayは「向きを変えて立ち去る」という意味。turn backは「引き返す」という意味。

0622

sort out ~

□□□

~を整理［整頓］する，
~を解決［処理］する

0623

distinguish *A* from *B*

□□□

AをBと区別する

類 **distinguish between *A* and *B***

0624

exchange *A* for *B*

□□□

AをBと交換する

▶「Aを人と交換する」なら，〈exchange *A*（複数名詞）＋with＋人〉となる。

0625

leave out ~

□□□

~を省く

▶ leave in ~は「~をそのままにしておく」という意味。

反 **include**「~を含む」

0626

work through ~

□□□

~を乗り越える

▶ 特につらい感情など精神的な問題や困難などを乗り越えるときに使う。

0627

forget *doing*

□□□

~したことを忘れる

▶ remember *doing*は「~したことを覚えている」という意味。

次に，そのうんこを持ったままその場で回転してください。

Next, turn around in place while holding that unko.

授業を始める前に，各自，机の上のうんこを整理すること。

All students must sort out the unko on their desks before the class starts.

プロには自分のうんこと他人のうんこを区別できる能力が求められる。

Professionals need to be able to distinguish their own unko from that of others.

ヘレンは天井からつるしたうんこが古くなったので，新しいものと交換した。

The piece of unko Helen had hanging from her ceiling had gotten old, so she exchanged it for a new one.

あなたがうんこケースの使用法の説明を省いたからこんなことになったんでしょう。

This happened because you left out the explanation of how to use the unko case.

芸能界で多くの困難を乗り越えてきた人のうんこは，迫力が違う。

The power you feel from unko of people in the entertainment business who've worked through many difficulties is on a whole different level.

卒業式の日にみんなで一緒にうんこをしたことを一生忘れない。

I'll never forget doing unko with everyone on graduation day.

2 1

2 2

2 3

0628

fall short of ～

□□□

～に達しない

▶ fallの代わりに comeも使う。

▶ be short of ～ は「～に達していない」という「状態」を表す。

0629

go so[as] far as to *do*

□□□

～しさえする

0630

have little to do with ～

□□□

～とほとんど関係がない

▶ have less to do with ～は「～とあまり関係がない」という意味。

0631

put aside ～

□□□

～を取っておく，
～をわきに置く，
～を蓄える

▶ put ～ asideの語順も可。

0632

come of age

□□□

（法律的に）成人に達する

▶「成人である」と「状態」を表す形は，be of age。

0633

pick out ～

□□□

～を選ぶ

▶ pick ～ outの語順も可。

類 choose

0634

stop by (～)

□□□

（～に）途中で立ち寄る

類 stop in

類 stop off

スタッフが集めたうんこはほとんどがジョンの求める水準に達しなかった。

Almost all of the pieces of unko gathered by the staff **fell short of** John's standards.

彼はうんこを手に入れるためなら仲間を売りさえする男だ。

He is a man who'd **go so far as to** sell out his friends for the sake of getting unko.

その日の株価と，うんこをもらすかどうかは，ほとんど関係がない。

The stock price of the day **has little to do with** whether you do unko in your pants or not.

持って行くなら，大事なうんこは取っておいて，そのほかのうんこだけにした方がいい。

If you're going to take unko with you, you should **put aside** the valuable pieces and take only the others.

この村では，成人に達するまでうんこを直視することは禁止されている。

In this village, it's forbidden to look directly at unko until you've **come of age**.

きみはうんこをするときにかけるレコードを選ぶのに時間をかけすぎだ。

You spend too much time **picking out** which record to play when you do unko.

ロンドンに来るなら，うちに立ち寄ってうんこでもしていきませんか。

If you're coming to London, why not **stop by** my place to do unko or something?

0635

suspicious of ～

□□□

～を疑って

▶ 真偽に疑念を抱く場合は doubtfulを使い，怪しいという疑惑を起こさせるときは suspiciousを使う。

0636

show ～ around …

□□□

～に…を案内する

類 guide ～ around …

0637

give ～ a try

□□□

～を試してみる

▶「試しにやってみなよ」という意味で，Give it a try!という表現がよく使われる。

0638

cover up ～

□□□

～を隠す，～を取り繕う

▶ cover up for ～は「～をかばう」という意味。

0639

pass by (～)

□□□

（～の）そばを通る

0640

dare to *do*

□□□

思い切って～する

▶ 否定文・疑問文では，toが省略されることもある。

0641

get in touch (with ～)

□□□

（～と）連絡を取る

類 get in contact (with ～)

反 be out of touch (with ～)「(～との) 連絡が途絶えている」

生徒たちは，先生が持って来たうんこの価値を疑っている。

The students are **suspicious of** the value of the unko their teacher brought.

彼は私たちに市内でうんこが落ちているポイントを全て案内してくれた。

He **showed** us **around** all the spots in the city where there's unko on the ground.

この接着剤は何でもくっつくようなので，次はうんこで試してみよう。

This adhesive is supposed to stick to anything, so let's **give** unko **a try** next.

その警官は自分がうんこをもらしていることを全く隠そうとしなかった。

The police officer didn't even try to **cover up** the fact that he was doing unko in his pants.

学校へ行くには，あそこでうんこをしている男のそばを通らねばならない。

To get to school, we have to **pass by** that man doing unko over there.

彼は勇気を振り絞ってバッターボックスの中で思い切ってうんこをした。

Summoning his courage, he **dared to** do unko in the batter box.

一番うんこについて詳しい知り合いに連絡を取るのでちょっとお待ちを。

Give me some time and I'll **get in touch with** the most knowledgeable person about unko I know.

2 1

2 2

2 3

0642

wind up (~)

□□□

終わる，～を終わりにする

▶ 他動詞では wind ～ upの語順も可。

類 **end up** (～)

0643

hit on[upon] ~

□□□

～を思いつく，
～に出くわす

類 **come up with** ～

0644

leave behind ~

□□□

～を置き忘れる

▶ leave ～ behindの形を取ることが多い。

0645

settle down

□□□

落ち着く，定住する

0646

take ~ into account

□□□

～を考慮に入れる

▶「～」が長い場合には，take into account ～の語順にもなる。

類 **take account of** ～

類 **take** ～ **into consideration**

0647

devote *A* to *B*

□□□

BにAをささげる

類 **dedicate *A* to *B***

0648

combine *A* with *B*

□□□

AとBを混ぜ合わせる

早くうんこを終わらせてくれないと船が出航してしまう。

If you don't hurry up and wind up your unko, the boat will leave without us.

ヒラリーはうんこを使った禁断のアイデアを思いついた。

Hillary hit on a devilish idea that requires unko.

昨日バス停に置き忘れて行ったうんこがまだ残っていた。

The piece of unko I'd left behind when I went to the bus stop yesterday was still there.

やっと仕事が落ち着いたので，息子とうんこの話をする時間が取れそうだ。

My work has finally settled down, so I should be able to find time to talk about unko with my son.

みんなの前でうんこがしたくない生徒のことも考慮すべきでしょう。

We should take students who don't want to do unko in front of everyone into account, too.

ジェームズはスカイダイビングしながらうんこをすることに人生をささげた。

James devoted his life to doing unko while skydiving.

うんこと砂鉄を混ぜ合わせています。

I'm combining unko with iron sand.

2
1

2
2

2
3

0649

charge *A* for *B*

□□□

AにBを請求する

▶ charge *A* with *B*は「Aを Bのことで責める，告発する」という意味。

0650

attribute *A* to *B*

□□□

AをBのせいにする

類 **ascribe *A* to *B***

0651

supply *A* with *B*

□□□

AにBを供給する

▶ *A* is supplied with *B*の受動態も多い。

▶ supply *B* to[for] *A*の形もある。

0652

rob *A* of *B*

□□□

（暴力・脅迫などで）AからBを奪う

▶ stealは人に気づかれずに盗むという意味合いがあるのに対し，robは無理やり奪うという意味合い。

0653

feel free to *do*

□□□

自由に～する

▶「どうぞ遠慮なく」はFeel free!と言うことができる。

0654

take a seat

□□□

着席する

▶ Sit down.は「座りなさい。」という意味の命令的な言い方。

類 **have a seat**

0655

long for ～

□□□

～を切望する

類 **yearn for ～**

類 **wish for ～**

類 **long to *do***

そのホテルは客がうんこをするたびに法外な料金を請求する。

That hotel charges its guests an illegal fee for each time they do unko.

彼らは，自分たちがうんこをもらした原因を政治のせいにしている。

They attribute the cause of their doing unko in their pants to the government.

我々の学校は，生徒が望めば無制限にうんこを供給してくれる。

Our school supplies students with unlimited unko if they desire.

落ち武者たちが，村にある全てのうんこを奪っていきました。

The rogue *samurai* robbed the village of all of its unko.

気になるうんこはご自由に手に取ってご鑑賞ください。

Feel free to pick up and observe any pieces of unko that catch your attention.

彼の号令１つで，全兵士がうんこをやめて着席した。

At his one command, all the soldiers stopped doing unko and took a seat.

多くのファンが，またあなたがステージでうんこをしてくれることを切望しています。

There are many fans who long for you to get on stage and do unko again.

0656

let ～ down

□□□

～を失望させる

▶ let down ～ の語順もある。

▶「～を降ろす」という元の意味でも使う。

0657

be located in ～

□□□

～に位置している

類 **be situated in ～**

0658

be busy *doing*[with ～]

□□□

～するのに［で］忙しい

▶ be busy to *do*とは言わないので注意。

0659

be inclined to *do*

□□□

～する傾向がある，～したい気がする

類 **tend to *do***

反 **be disinclined to *do***「～する気にならない」

0660

be equipped with ～

□□□

～を備えている

▶「教育・才能」などの抽象的なものを「備えている」場合にも使える。

0661

be beneficial to ～

□□□

～に有益な

反 **be detrimental to ～**「～に害を及ぼす」

0662

be tired of ～

□□□

～に飽きる，～にうんざりしている

▶ beは feel, become, getなどにもなる。

類 **be fed up with ～**

両親を失望させたくなかったので，無理してうんこが好きなふりをしていました。

I didn't want to let my parents down, so I was forcing myself to pretend I liked unko.

このアプリによると，あなたが２日前に流したうんこは現在東シナ海にあります。

According to this app, the unko you flushed two days ago is now located in the East China Sea.

今，私も父もうんこを袋詰めする作業で忙しい。

At the moment, my dad and I are busy packing unko into bags.

スポーツ選手はうんこをもらしたこともポジティブにとらえる傾向がある。

Athletes are inclined to interpret doing unko in their pants in a positive light.

このジャケットはうんこを入れられるポケットを５つ備えている。

This jacket is equipped with five pockets to store your unko in.

彼のうんこを間近で見られることは生徒たちにとって非常に有益でしょう。

It will be extremely beneficial to the students to be able to see his unko up close.

毎日同じ姿勢でうんこをすることに飽きてしまったんです。

I'm tired of doing unko in the same position every day.

0663

be to blame (for ~)

□□□

（～に対して）責任を負うべきである［責任がある］

類 be responsible (for ～)

類 be accountable (for ～)

0664

at large

□□□

（名詞の後に置いて）全体としての，一般の

類 in general

類 as a whole

0665

what is called

□□□

いわゆる

類 what we[you, they] call

0666

out of control

□□□

制御できなくて

反 in control of ～「～を支配して」

0667

in danger (of ~)

□□□

危険で，（～の）危険があって

類 at risk (of ～)

0668

in most cases

□□□

ほとんどの場合

類 most of the time

類 in almost all cases

0669

by no means

□□□

全然～ない

▶ not[no] ～ by any meansの形にもなる。

▶ by all meansは「ぜひとも」という意味。

俳優が撮影中にうんこをもらしたことについては監督が責任を負うべきだ。

The director is to blame for the actor doing unko in his pants during the filming.

今日は特定の誰かのうんこではなく全体としてのうんこについて話しましょう。

Today, let's talk not about a specific person's unko but unko at large.

フランシスはいわゆる「うんこのカリスマ」というやつだ。

Francis is what is called an "unko celebrity."

我々は増殖するうんこを制御できなくなり，ロケットで宇宙へ飛ばした。

The unko's rate of propagation grew out of control, so we flew it into space on a rocket.

こんな法律が制定されたら，あらゆる場所がうんこまみれになる危険がある。

If a law like this were passed, everywhere would be in danger of becoming smeared in unko.

ほとんどの場合，マラソン選手はうんこをもらすと走るのをやめる。

In most cases, a marathon runner will stop running if they do unko in their pants.

彼のうんこの話を聞き続けることは全然苦ではなかった。

It by no means put me out to continue listening to him talk about unko.

0670

for fun

□□□

楽しみのために

▶ What do you do for fun?は「趣味は何ですか?」の意味。

0671

at random

□□□

手当たり次第に，無作為に

▶ a random guessは「当てずっぽう」という意味。

類 randomly

0672

on the edge

□□□

瀬戸際で

▶ off the edgeは「正気を失って」の意味。

0673

if possible

□□□

可能であれば

▶ as ～ as possibleは「できるだけ～の［に］」という意味。

類 when possible

0674

to be sure

□□□

確かに

▶（文頭・文中・文末で）I'm sureを使うことで「本当に，確かに」と断言を強調することができる。

0675

as follows

□□□

次のとおり

▶ 後にコロン（:）を付けるのがふつう。

0676

if any

□□□

もしあれば，もしあるとしても

▶ few[little], if anyは「あるにしてもごく少数［少量］しかない」のニュアンス。

私が社員の前でうんこをするのは責任感からではなく，楽しみのためだ。

I don't do unko in front of the employees out of responsibility, but for fun.

ジュリアは棚にあるうんこを手当たり次第に取って夫に投げつけた。

Julia grabbed pieces of unko from the shelf at random and threw them at her husband.

今うんこがもれるかどうかの瀬戸際なので話しかけないでもらえますか。

I'm on the edge of doing unko in my pants, so don't talk to me now please.

可能であればこちらのうんこについてのアンケートにお答えください。

If possible, please fill out this questionnaire concerning unko.

確かに，これはうんこだが，持ち込み禁止とは知らなかったのだ。

To be sure, this is unko, but I wasn't aware that we couldn't bring it in.

今年の優秀うんこに選ばれた者の名前は次のとおり。

The people chosen this year for their superior unko are as follows.

もしいたとしても，文化祭でうんこを展示することに賛成の人は少数でしょう。

Few, if any, will approve of displaying unko at the cultural festival.

0677

on a diet

□□□

ダイエット中で

▶ スポーツで減量する場合には用いられない。

0678

to the contrary

□□□

それと反対の［に］

0679

in private

□□□

内緒で

反 **in public**「人前で」

0680

might (just) as well *do*

□□□

（気は進まないがどうせなら）～するほうがいい，～してもよい

0681

in *one's* opinion

□□□

（人の）意見では

▶ in my opinion「私の考えでは」とEメールなどで使われるときに，略語であるIMOという表現がある。

0682

in a row

□□□

連続して

類 **in succession**

0683

in harmony with ～

□□□

～と調和［一致］して

反 **out of harmony with ～**「～と調和［一致］していない」

ダイエット中なのでランチには付き合えないけど，うんこになら付き合えるよ。

I'm on a diet, so I can't go to lunch with you, but I wouldn't mind doing unko together.

うんこをもらすことは悪い経験と捉えられがちだが，実はそれと反対の効果がある。

Doing unko in your pants is often taken to be a negative experience but, to the contrary, it is quite the opposite.

きみたちは週末に一緒にうんこをする話をぼくに内緒で進めていたのか。

So you two have been working on a plan in private to do unko together on the weekend?

若い者から順にと言われたので，ぼくからうんこをするほうがいいか。

They said to start with the youngest first, so I might as well do unko first.

彼の意見では，今のうんこの位置を絶対に変更すべきでないとのことだ。

In his opinion, the current position of the piece of unko should definitely not be changed.

保健体育の授業はこれで7週間も連続してうんこに関する内容だ。

The health and physical education class has been about unko for seven weeks in a row now.

彼のうんこが優れているのは，ほかのどんなうんことでも調和することだ。

The good thing about his unko is that it is in harmony with every other piece of unko.

0684

that's[this is] how ~

□□□

その［この］ようにして～

▶ That's the way it goes.は「世の中そういうもの，仕方がない」という意味。

0685

from now on

□□□

これからは（ずっと）

類 from this time onward

0686

in the meantime [meanwhile]

□□□

その間に（も），一方（話変わって）

▶ for the meantime［meanwhile］は「さしあたり，当座は」という意味。

0687

at will

□□□

思いのままに，随意に

類 as *one* please

類 freely

0688

side by side

□□□

（横に）並んで

▶ 縦に並ぶ場合は，one behind the otherを使う。

0689

by all means

□□□

（返事として）ぜひとも，必ず

▶「どのような手段を使ってでも」が元の意味。

類 no problem

0690

in preparation for ~

□□□

～に備えて

類 get ready for ~

そのようにして縄文時代の人々はうんこを崇めてきた。

That's how the people of the *Jomon* period worshipped unko.

これからは，うんこ側の気持ちにもなって考えるようにします。

From now on, I will try putting myself in the shoes of unko first.

彼はオンライン会議を続けていたが，その間にも，うんこはどんどんあふれていた。

He kept participating in the online meeting, and **in the meantime**, the unko kept overflowing.

このステージの上で思いのままにうんこができたらどれほど爽快だろう。

If I could do unko on this stage **at will**, it would feel so great.

マラソン選手の横にぴったり並んでうんこを見せようとしている男がいる。

There's a man standing **side by side** with the marathon runner trying to show him his unko.

「あなたのうんこについていくつか助言をしてもいいですか？」「ぜひとも！」

"May I give you a few pointers about your unko?"
"**By all means**!"

部員たちは今日の試合に備えて2週間もうんこを我慢してきたんです。

The team members have held in their unko for two whole weeks **in preparation for** today's match.

2
1

2
2

2
3

0691

in conclusion

□□□

最後に

▶ やや堅い表現でプレゼンや論文などに用いられる。口語なら in closing という表現もある。

0692

after a while

□□□

しばらくたって

0693

as a matter of fact

□□□

実際は, 実を言うと

▶ 新情報を追加したり, 相手の誤りを訂正したりするときに使われる。

0694

for the benefit of ~

□□□

~の利益のために

類 **for *one's* benefit**

類 **for the sake of ~**

0695

in vain

□□□

無駄に

類 **to no avail**

0696

upside down

□□□

逆さまに, ひっくり返って

▶ 裏返しになっていることを表すには inside outを使う。

▶ 前後逆を表すには back to frontを使う。

0697

speaking of[about] ~

□□□

~と言えば

▶ speaking as ~は「~の立場から言えば」という意味。

類 **talking of[about] ~**

最後に，みなさんと一緒にうんこをした日のことは永遠に忘れません。

In conclusion, I will never forget the day I did unko with you all.

その薬品をかけられたうんこは，しばらくたって，何十倍にも膨らみ始めた。

The piece of unko they sprinkled the chemical on grew to dozens of times its size **after a while**.

実際は，この映画の中に登場するうんこは全て監督のものです。

As a matter of fact, all of the unko in this movie was done by the director.

私たちが納めたうんこは，特定の政治家の利益のために使用されていた。

The unko we had paid was being used **for the benefit of** a certain politician.

スタンリーはうんこを警官から隠そうとしたが，無駄に終わった。

Stanley tried to hide the unko from the police officer **in vain**.

きみのうんこの持ち方は，正式な方法とは丸っきり逆さまだよ。

You hold unko **upside down** compared to the official way of holding it.

テレビと言えば，週末に放送していたうんこの番組を見ましたか？

Speaking of TV, did you see the program on unko they showed this weekend?

0698

in case of ～

□□□

～の場合には

▶ 何か事故などの緊急事態が起こったらというときに用いる。

▶ in no caseは「どんな場合であっても～ない」という意味。

0699

aside from ～

□□□

～を除いては, ～のほかに

類 apart from ～

類 except for ～

0700

for fear of ～

□□□

～を恐れて

▶ for fear (that) ～ の形もある。この場合 that節の中では will, wouldのほか, should, mightも使われる。

雨の場合には，屋根のある場所に移動してうんこを続行していただきます。

In case of rain, move to a roofed area and continue doing unko.

左手の薬指を除いては，全ての指でうんこに触れたことがある。

I've touched unko with all my fingers aside from my left ring finger.

ばちが当たることを恐れて，今まで誰もあんなところでうんこをしなかった。

No one has ever done unko in a place like that before for fear of punishment.

確認テスト 2

これまでに学習した英熟語をまとめています。空欄に当てはまる英熟語を選び，きちんと英熟語の意味を覚えているか確認してみましょう。

1 教授がうんこについて話すことは，1語ももらさず書き留めるべきだ。

You should _____ whatever the professor says about unko word for word.

① back up　② fill out　③ stick with　④ take down

わからなかったら PART 2 SECTION 1 の 0443 を見返そう！

2 数えたところ，そのうんこには全部で 27 本のつまようじが刺さっていた。

My count says that there are 27 toothpicks stuck in that piece of unko _____ .

① by now　② in total　③ on purpose　④ on the whole

わからなかったら PART 2 SECTION 1 の 0483 を見返そう！

3 父がずっとうんこをしていて，一向に出発できない。

My father has been doing unko forever, so we can't _____ .

① check in　② cut in　③ fall apart　④ set off

わからなかったら PART 2 SECTION 2 の 0532 を見返そう！

4 私も最初の頃は１つ１つのうんこの区別なんてつかなかった。

I, too, couldn't tell pieces of unko apart _____ .

① all the same　② for short　③ in the beginning　④ in theory

わからなかったら PART 2 SECTION 2 の 0576 を見返そう！

5 ヒラリーはうんこを使った禁断のアイデアを思いついた。

Hillary _____ a devilish idea that requires unko.

① covered up　② hit on　③ left out　④ put aside

わからなかったら PART 2 SECTION 3 の 0643 を見返そう！

6 可能であればこちらのうんこについてのアンケートにお答えください。

_____ , please fill out this questionnaire concerning unko.

① As follows　② If possible　③ In private　④ Side by side

わからなかったら PART 2 SECTION 3 の 0673 を見返そう！

PART

応用力を身につける難関大学レベル300語

覚えておくと差をつけられる英熟語300語じゃ。難関大学レベルの力を身につけるために，がんばるのじゃ。

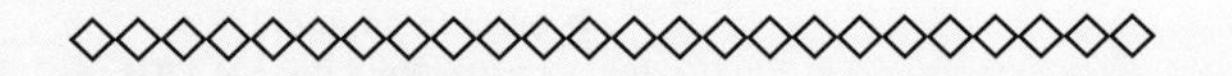

SECTION 1

0701 **try on ~** □□□	～を試着する ▶ try ～ onの語順も可。
0702 **let go (of ~)** □□□	（～を）手放す， （～を）捨てる ▶ Let it go.は「忘れてしまいなさい」という意味。 類 **release**
0703 **take after ~** □□□	～に似ている ▶ resembleよりやや口語的。 類 **resemble**
0704 **put an end to ~** □□□	～を終わらせる， ～をやめさせる
0705 **stay away from ~** □□□	～を控える ▶ stay awayには「離れている」という意味もある。
0706 **burst into ~** □□□	急に～しだす， 突然～に入る ▶ burst in on[upon] ～は「～の邪魔をする」という意味。

▶ 難関大学レベル 300 語

試着したスーツのポケットにうんこが入っていましたよ。

There was unko in the pocket of the suit I **tried on**.

父は30年間集めたうんこのコレクションを手放す決心をした。

My father decided to **let go of** his thirty-year-old collection of unko.

シドニーはうんこを見つめるまなざしが父親にそっくりだ。

Sidney **takes** right **after** his father in terms of how he gazes at unko.

この争いを終わらせるためにはうんこを使用するしかなかったんです。

There was no choice but to use unko to **put an end to** this struggle.

すみませんが生徒の前ですのでうんこの話は控えていただけますか。

Excuse me, but there are students around, so please **stay away from** talk about unko.

彼が急に歌い始めたのは，たぶんうんこをもらしたことをごまかすためだ。

The reason he **burst into** song was probably to hide that he had done unko in his pants.

0707

mistake *A* for *B*

□□□

AをBと間違える

▶ by mistakeは「誤って」という意味。

0708

keep *A* from *B*

□□□

AにBをさせない，
AをBから守る［防ぐ］

▶ keep from ～「～を差し控える」
との違いに注意する。

0709

donate *A* to *B*

□□□

BにAを寄付する

0710

drop off ～

□□□

～を（車などから）降ろす

0711

sit back

□□□

深く座る，傍観する

▶ sit for ～は「～のモデルになる」
という意味。

0712

go bankrupt

□□□

破産する

▶ become bankruptでも同じ意味を表す。

類 **go broke**

0713

give ～ a ride

□□□

～を乗せてあげる

▶ go for a rideは「（車などで）出かける」
という意味。

おじいちゃんがうんこを猫と間違えてえさをあげようとしている。

Grandpa **mistook** unko **for** a cat and is trying to feed it.

ここまでステージが盛り上がったら，もう彼にうんこをさせないのは無理ですよ。

With the performers on the stage this excited, there's no way to **keep** him **from** doing unko.

1人の匿名男性が，うんこの研究をする高校生の団体に数十億円の寄付をした。

An anonymous man **donated** several billion yen **to** a group of highschoolers researching unko.

あそこに見えるうんこの前で降ろしてもらえますか。

Can you **drop** me **off** by the piece of unko just over there?

会長はソファに深く座り，無言でうんこの映像を見続けていた。

The president **sat back** on his sofa and silently watched the footage of unko.

このままのペースでうんこの事業に投資し続ければ我が社は破産しますよ。

If we keep investing in unko businesses at this pace, our company will **go bankrupt**.

父はそのうんこまみれの青年を隣の州まで乗せてあげた。

My father **gave** the unko-covered young man **a ride** to the neighboring state.

0714

put away ～

～を片づける，
～をしまう

0715

look back on [upon / to / at] ～

～を回顧［追想］する

▶ look backだけで「振り返る」という意味になる。

0716

lose (*one's*) face

面目を失う

▶ *one's*は付けないのがふつう。

反 **save** (***one's***) **face**「面目を保つ」

0717

hang on

しがみつく

▶「電話を切らずにおく」という意味もある。

0718

have something to do with ～

～と関係がある

▶ have to do with ～だけでも同じ意味で広く使われる。

0719

fade away

徐々に消えていく，薄れる

0720

know better (than to *do*)

（～するほど）
ばかなことはしない，
（～しないだけの）分別がある

▶ think better of ～は「～を考え直してやめる」という意味。

サッカーボールとうんこを体育倉庫に片づけてから帰るように。

Make sure to put the soccer balls and pieces of unko away in the gym storage room before you go home.

この小説は，作者が友人たちとうんこをした日々を回顧したものだ。

This novel looks back on the days when the author did unko with his friends.

発注したとおりのうんこが用意できなければ私は面目を失ってしまう。

If I can't prepare the unko exactly as it was ordered, I'll lose face.

あなたたちは，古いうんこのやり方にしがみついているだけでしょう。

You people are just hanging on to the old ways of doing unko.

どうやら今回の事件も例のうんこと関係がありそうだ。

It looks like this incident also has something to do with that piece of unko.

ぼくらのうんこの思い出も，徐々に消えていってしまうのかな。

I wonder if our memories about unko are also going to fade away.

彼が開会式でうんこをするほどばかなことはしないだろうと誰もが思っていた。

Everyone thought that he knew better than to do something as stupid as do unko at the opening ceremony.

3 1

3 2

3 3

0721

pave the way to[for] ~

□□□

～への道を開く，～への準備をする

0722

connect *A* with *B*

□□□

AをBと関連付ける

0723

would love to *do*

□□□

ぜひ～したい

▶ would love ～は「～がぜひ欲しい」という意味になるので注意する。

0724

give off ~

□□□

（光・音・においなど）を発する

▶ give ～ offの語順も可。

類 give out ～

0725

eat up ~

□□□

～を使い果たす

0726

make progress

□□□

進歩する

▶ progressの前にいろいろな形容詞を伴う場合があるが，冠詞は付けない。

0727

do away with ~

□□□

～を廃止する，～を取り除く

類 get rid of ～

彼のたった１個のうんこが，人類の未来への道を開いた。

His one piece of unko paved the way to the future for all of humanity.

ポールは自分に起きたこと全てをうんこと関連付けて考えるくせがある。

Paul has the habit of connecting everything that happens to him with unko.

ぜひその「動くうんこ」の話を聞かせてもらいたいな。

I would love to hear about the “moving unko.”

淡い桃色の光を発しながら，そのうんこは闇夜に浮かんでいた。

The piece of unko floated in the dark night, giving off a faint, pink light.

幹部たちは海外のうんこの視察に予算を使い果たしてしまった。

The executives ate up the budget with their inspections of overseas unko.

うんこを我慢すればカンフーの腕が進歩すると師匠から教えられた。

My master taught me that I can make progress with my kung-fu if I hold in my unko.

その企業は，うんこを持参すると割引になるサービスを２日で廃止した。

The company did away with their discount for people who bring their own unko after two days.

3 1

3 2

3 3

0728

never fail to *do*

必ず～する

▶ fail to *do*だけだと「～するのを怠る」という意味になる。

0729

part with ～

（物）を（しぶしぶ）手放す

▶「（人）と別れる」は，part from ～。

0730

register for ～

～に登録する

0731

shake hands (with ～)

（～と）握手する

▶ shake *one's* hands, shake ～ by the handに言い換えることができる。

0732

accuse *A* of *B*

BのことでAを非難する

▶「Aを Bの罪で訴える」という意味もある。

0733

dispose of ～

～を処分する，
～を平らげる

類 get rid of ～

0734

stick out

突き出る，目立つ

▶「（舌など）を突き出す」の意味もある。その場合は他動詞。

▶ stick it outはくだけた表現で「最後までやり通す」。

私の祖母は，道ばたのうんこを見ると必ず拝む。

My grandmother **never fails to** bow when she sees unko on the side of the road.

そろそろ，一度手に入れたうんこを手放すことも覚えた方がいい。

It's about time you learned to **part with** unko that you've obtained.

無制限でうんこをしたい方は有料会員にご登録ください。

Those who wish to do unlimited unko, please **register for** the paid membership.

この国では，うんこまみれの手で握手することは最大の歓迎を意味します。

In this country, **shaking hands with** someone with your hand covered in unko is the highest form of welcome.

ファンは，彼がダンス中にうんこをもらしていたのではないかと非難している。

The fans are **accusing** him **of** having done unko in his pants during his dance.

校庭に放置された大量のうんこを処分するためにはばく大な費用がかかる。

It's an enormous expense to **dispose of** the huge amount of unko left in the school yard.

うんこの中から何か無数のとげのようなものが突き出ている。

What seem to be a large number of thorns are **sticking out** from the piece of unko.

0735

lose *one's* temper

□□□

激怒する, かっとなる

反 **keep *one's* temper**「平静を保つ」

0736

blow up (~)

□□□

爆発する, かっとなる, ～を爆破する

▶ 他動詞では blow ～ upの語順も可。

0737

fall back on ～

□□□

～に頼る

▶ 受動態にはしない。

▶ fall backだけで「退却する」という意味になる。

0738

go too far

□□□

遠くに行き過ぎる, 度を超す

▶ go so[as] far as to *do*「～しさえする」との混同に注意する。

0739

give a speech

□□□

スピーチ［演説］をする

0740

have difficulty in ～

□□□

～に苦労する

0741

have trouble with ～

□□□

～に問題がある, ～で苦労する

彼は対談相手の発言に激怒し，持っていたうんこを握り潰した。

He lost his temper with his discussion partner and crushed the piece of unko he was holding.

この薬品を１滴うんこに垂らすと数秒後には爆発します。

If you put a drop of this chemical on a piece of unko, it will blow up seconds later.

これだけの量のうんこを保管し続けるためには皆さんの支援に頼る必要があります。

In order to continue to maintain such a large stock of unko, we need to fall back on your support.

昨今の，うんこに対する政府の規制は行き過ぎていると思う。

Recently, government regulations on unko have gone too far.

マシューはスピーチをする前に必ず１時間以上うんこを見つめる。

Before giving a speech, Matthew always spends an hour or more gazing at unko.

最初はドアを開けたままうんこをすることについて理解してもらうのに苦労した。

At first, I had difficulty in gaining the understanding of others regarding doing unko with the door open.

彼がうんこを投げる速度はすさまじいが，コントロールに問題がある。

The speed at which he throws a piece of unko is astounding, but he has trouble with control.

0742

make a decision

□□□

決断する，決意する

▶ 似た熟語に make an effort「努力する」，make an attempt「試みる」などがある。

0743

have ～ in mind

□□□

～を考えている

▶ keep ～ in mind「覚えている」との混同に注意する。

0744

owe *A* to *B*

□□□

AをBに借りている，A（恩・義務など）をBに負っている

0745

adapt *A* to[for] *B*

□□□

AをBに適合［適応］させる

▶ adapt *oneself* to ～は「～に順応する」という意味。

0746

divide *A* into *B*

□□□

AをBに分ける

▶ 半分に分ける場合には divide ～ in halfになる。

0747

push *A* into *B*

□□□

AをBに押し込む，AをBに駆り立てる

0748

prohibit ～ from *doing*

□□□

～が…するのを禁止する［妨げる］

うんこをするのかしないのか，そろそろ決断する時が来ているよ。

It's about time to make a decision about whether to do unko or not.

今回のオリンピック開会式のテーマには「うんこ」を考えています。

I have "unko" in mind for the theme of the upcoming Olympics Opening Ceremony.

若いころ自由にうんこをさせてもらったことについて，彼には借りがある。

I owe it to him that I was able to do unko freely when I was young.

その生物はどんな環境にも体を適合させ，うんこをすることができる。

That organism can adapt its body to any environment so that it can do unko there.

いまお配りしたうんこを２つに分け，１つは窓辺に，１つは玄関に飾ってください。

Divide the unko I just passed out into two pieces and display one in the windowsill and one in the entranceway.

こんな狭い部屋に押し込められ，うんこをさせられるのはもうごめんだ。

I'm tired of being pushed into this small room and forced to do unko.

私たちは諸君がうんこする場所について一切禁止するつもりはない。

We have no intention of prohibiting you from doing unko anywhere.

3
1
3
2
3
3

0749

make an effort(s)

□□□

努力する

▶ without effortは「苦労せずに」という意味になる。

0750

be used to *doing*

□□□

～することに慣れている

▶ toは前置詞なので，後には名詞も続く。

▶「～に慣れてくる」は，beの代わりにbecome, get, growなどを使う。

類 **be accustomed to ～**

0751

be suitable for ～

□□□

～に適している，（目的など）に合っている

▶「～に適した」はfor，「～するのに適した」はto *do*を使う。

0752

be keen to *do*

□□□

～することを切望している

0753

be indifferent to[toward(s)] ～

□□□

～に無関心［平気］である

0754

be sure of [about] ～

□□□

～を確信している

▶ be sure of *oneself*で「自信がある」という意味になる。

0755

be familiar to ～

□□□

（人）によく知られている

ウォルターがこれほどのうんこができるようになるまでに，どれだけ努力したか。

Walter made a great effort before he could do unko like this.

自分のうんこを批判されることについて，ぼくはもう慣れてしまっている。

I'm used to having my unko criticized.

この路地は，ちょっとした暇な時間にうんこをするのに適している。

This alleyway is suitable for doing unko when you've got a little spare time.

国民はもっと自由にうんこの話ができることを切望している。

The people are keen to be able to speak more freely about unko.

よくもそこまで他人のうんこに無関心でいられるものだ。

How can you be so indifferent to other people's unko?

大統領が議事堂でうんこをする姿を見たときから，この国の崩壊を確信していた。

Ever since I saw the president doing unko at Capitol Hill, I've been sure of this country's demise.

彼はうんこを解説する動画で若者によく知られている。

He is familiar to young people for his videos explaining about unko.

3 1

3 2

3 3

0756 **be grateful (to *A*) for *B*** □□□	Bのことで（Aに）感謝している 類 **be appreciative of ～** 類 **be (greatly) indebted (to *A*) for *B***
0757 **be absorbed in ～** □□□	～に熱中している ▶ be absorbed into ～は，「（会社・自治体などが）～に吸収［合併］される」という意味。
0758 **be indispensable for[to] ～** □□□	～にとって不可欠である，～になくてはならない
0759 **be satisfied with ～** □□□	～に満足している ▶ beの代わりに seem, lookなども使われる。
0760 **be accustomed to ～** □□□	～に慣れている 類 **be used to ～**
0761 **be inferior to ～** □□□	～より劣っている 反 **be superior to ～**「～より優れている」
0762 **be serious about ～** □□□	～に真面目である

選手たちは試合中でも自由にうんこをさせてくれたことで監督に感謝している。

The players are grateful to the coach for having let them do unko freely, even during matches.

ジュディは新しいカメラでうんこの写真を撮ることに熱中していた。

Judy was absorbed in taking photos of unko with her new camera.

うんこの時間を充実させるためにはいい音楽と友人が不可欠である。

Good music and friends are indispensable for enjoying the time you spend doing unko.

あなたは映画の中での自分のうんこの扱いに満足していますか？

Are you satisfied with the treatment of your unko in the movie?

大丈夫。うんこを持って暴れる相手の対処には慣れています。

Don't worry. I'm accustomed to dealing with people who go berserk with unko in their hands.

子供からの人気という意味では，きみはうんこより劣っている。

In terms of popularity with children, you are inferior to unko.

私はこのうんこを使った作戦について真面目に言っているんです。

I'm being serious about this strategy requiring unko.

3 1

3 2

3 3

0763

be absent from ～

□□□

～を欠席する

反 be present at ～「～に出席している」

0764

be curious about ～

□□□

～を知りたがる，～に好奇心の強い

▶ be curious to *do*は「しきりに～したがる」という意味。

0765

under way

□□□

（計画などが）進行中で

▶ underwayと1語につづることも増えている。

0766

out of the question

□□□

不可能で，あり得ない

類 impossible

0767

what we call ～

□□□

いわゆる～

▶ 主語・時制は意味に応じて変化する。

類 what is called ～

0768

for the time being

□□□

さしあたり，当分の間（は）

▶「将来状況は変わるかも」のニュアンスがある。

類 for now

類 for the moment

0769

before long

□□□

間もなく

類 soon

類 it is not long before ～

通学路がうんこだらけなので，ザックは今日学校を欠席した。

The road to school was covered in unko, so Zack **was absent from** school today.

彼らはあなたの独特のうんこのやり方をとても知りたがっています。

They **are** very **curious about** your unique way of doing unko.

世界的に有名なミュージシャンたちが合同でうんこをする企画が進行中だ。

A plan for world-famous musicians to come together and do unko is **under way**.

私ですらまだ彼のうんこを見たことがないのに，きみがそれを見られるなんてあり得ない。

I haven't even seen his unko yet, so your seeing it is simply **out of the question**.

いわゆる「未確認飛行物体」のほとんどが，実際は誰かが投げたうんこだった。

The majority of **what we call** "unidentified flying objects" were actually pieces of unko that people threw.

さしあたり，うんこか何かをのせて押さえておくしかない。

For the time being, we'll have to put a piece of unko or something on it to hold it down.

間もなく政府がうんこについて大きな発表をするそうだ。

The government will make a big announcement concerning unko **before long**.

3
1
3
2
3
3

0770

at (*one's*) ease

□□□

くつろいで

▶ 他動詞的に「〜をリラックスさせる」は put 〜 at (*one's*) ease, make 〜 feel at home[ease]などと表す。

類 **relaxed**

0771

by mistake

□□□

間違って

0772

out of date

□□□

時代遅れで

▶ up to dateは「最新の」という意味。

0773

all of a sudden

□□□

突然に，不意に

類 **out of the blue**

類 **from nowhere**

0774

in the distance

□□□

遠方に，遠くで

▶ from a distanceは「遠くから，ちょっと離れて」という意味。

0775

inside out

□□□

裏返して，ひっくり返して

▶「裏も表も，完全に」の意味でも使う。

▶ know 〜 inside out は「〜を（裏も表も）よく知っている」という意味。

0776

at a distance

□□□

ある距離を置いて

類 **from a distance**

でも，うんこはもっとくつろいでするものだと思うんです。

But I believe that unko should be done more at ease.

間違って受験票ではなくうんこを持ってきてしまった。

I've brought unko instead of my exam ticket by mistake.

あなたたちの世代のうんこに対する考え方はもう時代遅れだ。

Your generation's ideas on unko are out of date now.

突然，世界中のテレビ画面にうんこの映像が映し出された。

All of a sudden, all of the world's TV screens showed unko.

霧の中，遠方にうんこの影が見えてきた。

Amidst the fog, a silhouette of unko came into view in the distance.

シャツに多少うんこがついたけど，裏返せば大丈夫だ。

A little unko got on my shirt, but if I turn it inside out, it'll be fine.

ステージ上には，一定の距離を置いていくつかのうんこが配置されていた。

There were some pieces of unko on the stage placed at a distance from one another.

3 1

3 2

3 3

0777

to tell (you) the truth

□□□

実を言えば

類 truth to tell

0778

at first sight

□□□

一見したところでは，ひと目で［の］

類 at first glance

類 at first blush

0779

to *one's* surprise

□□□

～が驚いたことに

▶「大いに」と強調するには，surpriseの前にgreatなどの形容詞を置くか，句の前にmuchを置くなどする。

0780

one after another

□□□

次々に

▶ 3つ以上のものについて使う。

▶ one after the otherには「（2つのもので）交互に」の意味もある。

0781

at any cost [all costs]

□□□

ぜひとも，どんな犠牲を払っても，何としても

0782

on demand

□□□

要求があり次第

▶ やや堅い表現。

0783

behind schedule

□□□

予定より遅れて

▶「予定どおりに」は on schedule。

反 ahead of schedule「予定より早く」

実を言えば，今も内ポケットにあのときのうんこが入っています。

To tell the truth, I still have the piece of unko from that in my inner pocket.

一見したところでは，全員がうんこを持っているように見えたが，見間違いだった。

At first sight, it looked like everyone was holding unko, but I was wrong.

驚いたことに，メッシ選手までが私のうんこのファンだと言った。

To my surprise, even Messi said he was a fan of my unko.

校長のうんこの話が長すぎて，生徒たちは次々に教室に戻ってしまった。

The principal's speech about unko was too long, so the students returned to their classrooms one after another.

うんこで作ったベッドが本当にあるなら，ぜひとも一度寝かせてもらいたい。

If a bed made of unko really exists, I want to sleep in it at any cost.

我が社は要求があり次第，数万個のうんこをご用意可能です。

Our company can provide tens of thousands of pieces of unko for use on demand.

確かに予定より数分遅れていますが，時間ぴったりにうんこをするのは不可能ですよ。

Yes, I'm several minutes behind schedule, but it's impossible to do unko exactly on time.

3 1

3 2

3 3

0784

for ages

□□□

久しく, 長い間

0785

once (and) for all

□□□

きっぱりと, これを最後に

類 finally

0786

(just) for once

□□□

今度だけは

▶ just this onceでも同じ意味を表す。

0787

up to date

□□□

最新（式）の

▶ 名詞の前に付けるときには, up-to-dateのようにハイフンを付けて形容詞にするのがふつう。

0788

more ~ than *S* expected

□□□

Sの予想以上に～

0789

here and there

□□□

あちこちに［で］

▶ there and hereとは言わないので語順に注意する。

0790

with care

□□□

注意して

▶ take care of ～は「～の世話をする」という意味。

これほどのうんこには久しくお目にかかっていない。

I haven't seen a piece of unko of this caliber for ages.

大学生になったらベランダでうんこをするのはきっぱりとやめるつもりだ。

When I'm a college student, I intend to stop doing unko on the balcony once and for all.

エメリッヒのうんこを一流と思ったことはないが，今回だけは違う。

I've never once considered Emmerich's unko first class, but it is for once.

うんこを撮影するカメラは，常に最新のものを使うようにしている。

I always use a camera that's up to date when filming unko.

友人が見せてくれたうんこの方法が予想以上に斬新だった。

The way of doing unko my friend showed me was more novel than I had expected.

オープンしたばかりのカフェに行ってみたが，あちこちにうんこが落ちていた。

When I went to the newly-opened café, there were pieces of unko on the floor here and there.

非常に壊れやすいうんこなので注意して運搬お願いします。

This piece of unko is highly fragile, so please handle it with care.

0791

on and on

□□□

長々と，延々と

▶ off and onは「ときどき」という意味。

0792

on business

□□□

仕事で

反 for pleasure「遊びで」

0793

by and large

□□□

概して

類 on the whole

類 all in all

0794

generally speaking

□□□

一般的に言えば

▶ 独立分詞構文。似た例に，strictly speaking「厳密に言えば」などがある。

0795

day off

□□□

休日

0796

there is no doubt that ～

□□□

～ということは疑いない

0797

lest *S*+*V*

□□□

Sが～しないように，
Sが～するといけないから

▶ *V*には shouldを伴うこともあるが，アメリカ英語では省略されるのがふつう。

類 so that ～ not *do*

類 for fear (that) *S* + *V*

長々と説明していますが，要するにまたうんこをもらしたということですね？

You're going on and on about this, but basically, you did unko in your pants again, right?

私だってこのうんこは仕事でやっているんです。

After all, I'm doing this unko on business, too.

こういうとき，人は概して明るい色のうんこを選びがちだ。

At times like these, people by and large choose brightly colored unko.

一般的に言えば，先にうんこを投げつけたあなたのほうが悪い。

Generally speaking, you're in the wrong because you threw the unko first.

その頃の私は休日であっても上司のうんこに付き合わされていた。

Back then, I had to accompany my boss for unko even on my days off.

ネット上でのうんこの交換が今後もっと一般的になっていくことは疑いようがない。

There is no doubt that online trading of unko will become more widespread in the future.

あのレンガは，うんこが転がって行かないように置いてあったのです。

The brick was placed there lest the piece of unko roll away.

0798

as is (often) the case (with ~)

□□□

（～に関して）よくあることだが

▶ often, as is the case (for ～) といった語順になることもある。

0799

on account of ~

□□□

（理由を表して）～のために

▶ on *one's* accountは「～のために」という意味。

0800

across from ~

□□□

～の向こう側に

ジョニーにはよくあることだが，自分の出番を忘れてうんこに行っているようだ。

As is often the case with Johnny, he's forgotten his turn and gone off to do unko.

台風のため，校庭に並べたうんこがばらばらになってしまった。

On account of the typhoon, the pieces of unko I'd lined up in the schoolyard were scattered all over.

電車で向かいに座っている人がうんこの写真集を見ている。

The person sitting across from me on the train is looking at an unko photobook.

SECTION 2

0801 **surrender to ～** □□□	～に屈する ▶「～に身を任せる」という意味もある。
0802 **write back** □□□	返事を書く ▶ write down ～ は「～を書き留める」という意味。
0803 **watch out (for ～)** □□□	（～に）気をつける
0804 **get down to ～** □□□	（仕事・問題など）に本気で取り掛かる ▶ get downは「降りる」という意味。
0805 **make a mistake** □□□	間違いをする
0806 **take it easy** □□□	のんびりと構える ▶ Take it easy.で「気をつけて。」という意味の別れのあいさつとしても使う。 類 **take things easy**

彼は，周りと同じようなうんこをしろという圧力には決して屈しなかった。

He never **surrendered to** the pressure to do unko the same as the people around him.

ぼくがうんこの写真を同封して以来，彼からの返事は途絶えてしまった。

He's never **written back** since I sent a letter with a picture of unko attached.

何人かの観客がステージにうんこを投げようとしているので気をつけて。

Several people in the audience are trying to throw unko at the stage, so **watch out**.

警察は，息子がなくしたうんこの捜索に本気で取り掛かってくれた。

The police finally **got down to** looking for the unko my son had lost.

お客さんに，おみやげでなくうんこを渡すというひどい間違いをしてしまった。

I **made** the horrible **mistake** of handing the customer unko instead of their souvenir.

敵は必ずうんこに驚いて自滅しますから，のんびりと構えていなさい。

The enemy is sure to self-destruct from surprise when they see the unko, so **take it easy**.

0807

make fun of ～

□□□

～をからかう

類 ridicule

類 make sport of ～

0808

catch up on ～

□□□

～の遅れを取り戻す

0809

correspond with ～

□□□

～に一致する

0810

pass away

□□□

死ぬ

▶ dieの遠回しな表現。

▶「過ぎ去る，（時）を過ごす」の元の意味でも使う。

0811

stir up ～

□□□

～を引き起こす

0812

submit to ～

□□□

～に屈する，～に服従する

類 give in to ～

0813

see off ～

□□□

（人）を見送る

▶ see ～ offの語順も可。

王のうんこをからかった者には，最も重い刑を科すものとする。

Those who **make fun of** the king's unko shall be subject to the most severe punishment.

勉強の遅れを取り戻すため，今後2週間はうんこをしないことに決めた。

I decided not to do unko for the next two weeks to **catch up on** my studying.

うんこに関する価値観が一致するメンバー同士でバンドを組んだ。

I started a band with people whose beliefs about unko **corresponded with** mine.

祖父が死ぬ前にしてくれたうんこの話は，歴史がひっくり返るような内容だった。

What my grandfather told me about unko before he **passed away** was enough to flip history upside down.

こんなうんこの映像が公開されたら暴動を引き起こす可能性がある。

If this footage of unko is released, it may **stir up** a riot.

私たちはいかなる脅迫にも屈さず，これからもここでうんこをし続けます。

We will not **submit to** any threat, and will continue to do unko here forever.

監督はうんこをしていて，全国大会に向かう選手たちを見送りに行けなかった。

The coach was doing unko so he couldn't **see** the players **off** to the national competition.

3 1

3 2

3 3

0814 **tell *A* from *B*** □□□	**AをBと区別する** ▶ tell+wh節で「〜かを見分ける」という表現もある。
0815 **convince 〜 to *do*** □□□	**〜に…するよう説得する** 類 **persuade 〜 to *do*** 類 **talk 〜 into *doing***
0816 **identify *A* with *B*** □□□	**AをBと同一だと考える**
0817 **consist in 〜** □□□	**〜にある** ▶ やや堅い表現。 ▶ consist of 〜「〜から成る」との混同に注意。
0818 **deal in 〜** □□□	（商品）**を商う,** （仕事など）**に従事する** ▶ deal with 〜「〜を扱う」との混同に注意。
0819 **take a trip** □□□	**旅行する**
0820 **give a presentation** □□□	**講演［実演・（口頭）発表］をする**

気に入ったうんこをほかのものと区別するために付箋をつけていたんです。

I was using sticky notes so I could tell the pieces of unko I liked from the others.

彼が公開した私たちのうんこの動画を削除するよう，ジョエルを説得しよう。

Let's convince Joel to delete the videos of our unko that he posted.

健康とうんこが出ることを同一視してはいけない。

You mustn't identify the fact that your unko comes out with good health.

多くの偉人が，成功の秘けつはうんこにあると言っている。

Many greats say that the secret to success consists in unko.

かつてはうんこを商うためには国の認可が必要だった。

In the past, it was necessary to get permission from the government to deal in unko.

私が旅行をしている理由は，さまざまな国でうんこがしてみたいからです。

The reason I'm taking a trip is because I want to do unko in various countries.

うんこをしている人たちの前で講演をするなんて聞いていませんでした。

I wasn't told that I would be giving a presentation in front of people who were doing unko.

3
1

3
2

3
3

0821

take a nap

□□□

昼寝をする

▶ napは名詞で「昼寝」という意味のほかに，動詞で「昼寝をする」という意味もある。

0822

send for ～

□□□

（人）を呼びにやる，（物）を取りにやる

▶ send *A* for *B*は「Aをつかわして Bを呼びに［取りに］行かせる」という意味。

0823

send in ～

□□□

～を提出する

0824

count for ～

□□□

～の価値［重要性］を持つ

▶ count for little[nothing]は「ほとんど［まったく］価値［重要性］がない」という意味。

0825

make a difference

□□□

違いが生じる，重要である

▶「大きな違い」の場合には a big [a lot of / a great deal of] difference，「違いがない」の場合には no differenceなどとなる。

0826

make sense of ～

□□□

～の意味を理解する

▶ figure out ～よりも堅い表現。

類 figure out ～

0827

kick off ～

□□□

～を開始する

▶ ややくだけた表現。

ちょっと昼寝をしている間に，集めたうんこを全て奪われてしまった。

All of the unko I had collected was stolen while I was **taking a** little **nap**.

今すぐそのうんこから離れて，警察を呼びにやったほうがいい。

You should get away from that unko right now and **send for** the police.

私の学校は，入学する際にうんこに関する書類を何枚も提出しなければならない。

At my school, when new students join, they have to **send in** several documents concerning their unko.

今はそのうんこを無駄だと感じるだろうが，この先必ず大きな価値を持つだろう。

You may feel the unko is pointless now, but it is sure to **count for** a lot in the future.

うんこを我慢したまま出場することで，選手の動きに大きな違いが生じる。

It **makes a** big **difference** when players play while holding in unko.

私たちは天井から無数につるされたうんこの意味をようやく理解した。

We were finally able to **make sense of** the countless pieces of unko hanging from the ceiling.

参加者全員が頭上にうんこを放り投げ，式典が開始された。

All the participants threw unko over their heads to **kick off** the ceremony.

3
1
2
3

0828

speak ill [badly / evil] of ～

□□□

～を悪く言う

反 **speak well of ～**
「～のことを褒める」

0829

grant *A* to *B*

□□□

BにAを授与する

▶ grant *B A*も同じ意味を表す。

0830

dedicate *A* to *B*

□□□

AをBに捧げる

▶ dedicate oneself to ～は「～に専念する」という意味。

0831

back off

□□□

後退する，引き下がる，手を引く

▶ back away, back downも似た意味。

0832

hang on to [onto] ～

□□□

～を手放さずにいる

▶ hang onだけだと「しがみつく，電話を切らずにおく」という意味になる。

0833

set about ～

□□□

～を始める

▶ set aside ～は「～を取っておく」という意味。

0834

hold *one's* breath

□□□

息を止める，（通例否定文で）（期待して）息をひそめる

▶ get *one's* breathは「息を整える」という意味。

対戦相手のうんこを悪く言うのはスポーツマンシップに反する行為だ。

Speaking ill of the opponent's unko goes against the spirit of sportsmanship.

国はジェイソンの会社に自由にうんこを売買できる権利を授与した。

The government granted the right to freely buy and sell unko to Jason's company.

このうんこは恩師のブレンダ先生に捧げます。

I dedicate this unko to my mentor Brenda.

うんこを掲げて進むと，敵軍はじりじりと後退していった。

They advanced, holding their unko up, and the opposing army gradually backed off.

私は娘が描いてくれたうんこの絵を常に手放さずにいた。

I always hung on to the picture of unko my daughter had drawn.

キャンプ場に着くなり，一部のメンバーがうんこをし始めた。

As soon as they arrived at the campsite, some of the members set about doing unko.

うんこはこの後も続々運び込まれますが，ずっと息を止めているつもりですか？

They're going to keep bringing in unko for a while yet. Do you plan to hold your breath the whole time?

3 1

3 2

3 3

0835

lay off ～

□□□

～を一時解雇する

▶ lay ～ offの語順も可。

▶「(悪いことなど) をやめる」の意味もあり，その場合は常に lay off ～の語順。

0836

stick around[about]

□□□

(帰らずに) そこらで待つ

▶ くだけた表現。

0837

call back (～)

□□□

～を呼び戻す，(～に) 折り返し電話する，(後で) (～に) 電話をかけ直す

▶ 他動詞では call ～ backの語順も可。

0838

be obsessed with ～

□□□

～にとりつかれている

0839

be crowded with ～

□□□

～で混雑している

0840

be anxious to *do*

□□□

～したがる

0841

be fed up with ～

□□□

～にうんざりしている

▶ beの代わりに get, becomeなども使われる。

類 **be tired of ～**

これ以上社長室の前でうんこを続けるなら，社としてはあなたを一時解雇せざるをえない。

If you continue to do unko in front of the company president's office, we will be forced to lay you off.

では私がうんこを受け取ってくるので，そこらで待っていてもらえますか。

So I'm going to go get the unko. Could you stick around here?

もう一度うんこをさせることを条件にすれば，彼を呼び戻すことが可能かもしれない。

On the condition that we let him do unko once more, we may be able to call him back.

率直に言って，あなたはうんこにとりつかれている。

To be blunt, you are obsessed with unko.

観光客で混雑している場所でいきなりうんこを始めるやつがいるか。

Who would just start doing unko in a place that's crowded with tourists?

読者たちは，このうんこがどうなるのか続きをとても知りたがっている。

The readers are very anxious to know what happens to this unko next.

スタッフたちは，その俳優が撮影中にうんこに行き過ぎることにうんざりしていた。

The staff is fed up with the actor's going off to do unko during filming too often.

3 1

3 2

3 3

0842

bet on ～

～に賭ける

0843

lose *one's* way

道に迷う

▶ make *one's* wayは「（苦労して）進む，成功する」という意味。

0844

find *one's* way to ～

～へたどり着く，～まで道を探しながら進む

0845

take *one's* time

時間をかけてゆっくりやる，自分のペースでやる

▶ take time「時間がかかる」と区別する。

0846

keep[stay] in touch with ～

～と連絡を取り合う

▶ in touch with ～で「～と連絡して」という意味。

0847

think highly [much] of ～

～を尊敬［尊重］する，～を高く評価する

▶ muchはふつう否定文で用いる。

0848

slip out

そっと抜け出す，つい口をついて出る

▶ slip off[on] は「さっと脱ぐ［着る］」という意味。

私はサムがうんこをもらさず戻ってくるほうに賭ける。

I bet on Sam coming back without doing unko in his pants.

友人とのうんこの話に夢中になり，我々は道に迷ってしまった。

My friend and I got absorbed in our conversation about unko and lost our way.

目印のうんこがいくつかあったので，問題なく先生の家にたどり着けた。

There were several pieces of unko serving as guides, so I found my way to my teacher's house without issue.

お気に入りのうんこが見つかるまで，時間をかけて選んでいいですよ。

You can take your time to find a piece of unko that you really like.

あの頃一緒にうんこをした友人とは今でも連絡を取り合っている。

I still keep in touch with the friends I did unko with back then.

私は彼を尊敬しているので，彼の前でうんこをするときは少し緊張する。

I think highly of him, so it makes me a little nervous to do unko in front of him.

私たちは深夜に寮を抜け出して，持ち寄ったうんこを見せ合ったりした。

We slipped out of the dorm in the middle of the night and compared the unko we had brought with us.

0849

split up

□□□

割れる，分かれる

▶ split ～ up, split up ～「～を分ける，分割する」という語順も可。この場合は他動詞。

0850

wrap up ～

□□□

～を無事に終える

▶ wrap ～ upという語順も可。

0851

yield to ～

□□□

～に屈する，～に道を譲る

類 **give in to ～**

類 **give way to ～**

0852

change *A* into *B*

□□□

AをBに変える

▶ intoの代わりにtoも可。

0853

convert *A* into *B*

□□□

AをBに変える

▶「AをBに両替する」という意味もある。

0854

cannot help *doing*

□□□

～せざるを得ない，
～せずにはいられない

類 **cannot help but *do***

0855

punish *A* for *B*

□□□

BのことでAを罰する

そのうんこは研究員たちの目の前で割れて2つに増えた。

The unko split up into two pieces right before the researchers' eyes.

今回の任務が無事に終えられたら，また一緒にうんこをしよう。

If we wrap up this mission safely, let's do unko together again.

学校側は，屋上でうんこがしたいという生徒たちの要求についに屈した。

The school finally yielded to the students' demand to be able to do unko on the rooftop.

彼のうんこには，悪人を善人に変える力がある。

His unko has the power to change bad guys into good guys.

父はガレージをうんこの保管場所に変えるつもりらしい。

My father said he plans to convert the garage into a storage place for unko.

これだけうんこまみれになってしまったら，もう焼却せざるを得ない。

It being smeared in this much unko, we cannot help burning it.

うんこをもらしたことでその人を罰することなど，たとえ神でもできない。

Not even God can go so far as to punish someone for doing unko in their pants.

3
1

3
2

3
3

0856

look on[upon] *A* as *B*

□□□

AをBと見なす

類 think of *A* as *B*

0857

ban ~ from *doing*

□□□

~に…するのを禁止する

▶ ban *A* from *B*は「AがBに行く［立ち入る］ことを禁止する」という意味。

0858

burn out (~)

□□□

（エネルギー［精力・活力］）を使い果たす，燃え尽きる

▶ burn upは「ぱっと燃え上がる，燃え尽きる」という意味。

0859

cheer up (~)

□□□

~を元気づける，元気づく，~を応援する

▶ 他動詞ではcheer ~ upの語順も可。

0860

start up ~

□□□

~を立ち上げる

▶ start on ~は「~を始める」という意味。

0861

make (a) noise

□□□

音を立てる，騒ぐ

▶ make noise about ~で「~について不平を言う」という使い方もある。

0862

be conscious of ~

□□□

~を気にしている

反 be unconscious of ~「~を意識していない」

政府はきみのことをうんこをまき散らす危険人物だと見なしている。

The government looks on you as a dangerous person who spreads unko around.

ようやく運営委員会が彼らにうんこの使用を禁じた。

The executive council finally banned them from using unko.

ビリーは何十年もファンのためにうんこをし続けたことで燃え尽きてしまった。

Billy burnt out after decades of doing unko for his fans.

彼は，あなたを元気づけようとしてうんこの話をしていたんだよ。

He was talking about unko in an effort to cheer you up.

兄は同級生らと共に海外のうんこを売るベンチャー企業を立ち上げた。

My brother started up a venture company with his classmates selling unko from overseas.

ぼくがうんこをしている間は一切の音を立てないでいただきたい。

Please don't make noise while I'm doing unko.

彼は「うんこ」という語の発音を異常に気にする。

He is highly conscious of the pronunciation of the word "unko."

3 1

3 2

3 3

0863 **be dedicated to ～** □□□	（仕事・目的など）に打ち込んでいる，～に夢中である
0864 **be worthy of ～** □□□	～に値する，～にふさわしい ▶ be worthy to *do*の形でも使われる。
0865 **be hard on ～** □□□	（人）につらく当たる ▶ be hard upはくだけた言い方で「お金に困っている」という意味。
0866 **be connected with ～** □□□	～と関係がある，～とつながりがある
0867 **be ignorant of ～** □□□	～を知らない
0868 **be anxious about ～** □□□	～を心配している ▶ be anxious for ～の形でも使われる。 類 **be concerned about[for] ～**
0869 **be ashamed of ～** □□□	～を恥ずかしく思っている ▶ of ～の部分が *doing*だと「～したことを恥じている」，that節だと「～であることを恥じている」，to *do*だと「～するのが恥ずかしい」という意味になる。

彼は無重力空間でうんこをする方法の研究に打ち込んでいる。

He is dedicated to researching methods for doing unko in a zero-gravity environment.

本当に彼ら２人がまた一緒にステージでうんこをするなら，そのイベントは注目に値する。

If those two are really going to do unko together again on stage at that event, it's worthy of attention.

あのときほとんどうんこをもらす寸前で，ついきみにつらく当たってしまった。

At the time, I was on the verge of doing unko in my pants, so I was unnecessarily hard on you.

今回発見されたうんこは，３年前の事件と関係がありそうだ。

The piece of unko we discovered this time might be connected with the incident three years ago.

人類はまだうんこの本当の姿を知らない。

Humanity is still ignorant of unko's true identity.

友人たちは，谷底にうんこをしに行ったシルベスターのことを心配している。

My friends are anxious about Sylvester, who went to do unko at the bottom of the ravine.

昔，彼のうんこを偉そうに批評してしまったことがすごく恥ずかしい。

I'm so ashamed of criticizing his unko like I was a big shot in the past.

0870

be bad[poor] at ~

□□□

～が苦手［不得手・下手］である

0871

be sick of ~

□□□

～に嫌気がさしている

▶ be tired of ～よりも強い意味。

類 be tired of ～

0872

be of no use

□□□

役に立たない，使いものにならない

反 be of use「役に立つ」

0873

so to speak [say]

□□□

いわば

類 as it were

0874

on (the) air

□□□

放送中の

▶ on[off] airのようにtheを省くこともある。

反 off (the) air「放送されないで」

0875

of importance

□□□

重要な，重要性のある

▶ a person of importanceで「有力者」という意味になる。

0876

in use

□□□

使用中で

▶ be of no useで「役に立たない」という意味。

私は人とタイミングを合わせてうんこをすることが苦手なんです。

I'm bad at matching the timing of my unko with other people's.

リッチーは，厳密な作法でうんこをさせられることに嫌気がさしている。

Richie is sick of being forced to follow strict rules for doing unko.

うんこが役に立たないものだと思われていた時代があるということが驚きだ。

I'm surprised that there was an age when unko was considered to be of no use.

いわば三度目の正直で，彼の打った矢はやっとうんこに命中した。

The third time is the charm, so to speak, and his arrow finally hit the piece of unko straight on.

今放送中の番組で，なぜかぼくのうんこが大々的に紹介されている。

For some reason, my unko is being introduced like it's a big thing on a program on the air now.

彼のうんこはうんこ史を学ぶ上で最も重要なうんこの1つですよ。

His unko is of the utmost importance in learning the history of unko.

その日焼けマシンは現在私のうんこを焼くために使用中だ。

That suntanning machine is currently in use to bake my unko.

0877

bound for ~

□□□

～行きの

0878

hand in hand

□□□

手を取り合って

▶ hands downはくだけた言い方で「簡単に」という意味。

0879

sooner or later

□□□

遅かれ早かれ，そのうち

類 eventually

類 in time

類 in the end

0880

what is more

□□□

さらに，それに

類 besides

類 in addition

0881

out of order

□□□

故障して，順序が狂って

▶「体の一部の不調」についても使う。

0882

never ~ without ...

□□□

～すれば必ず…する

▶ 二重否定で，肯定の意味を強調する。

▶ neverの代わりに notや cannot なども用いられる。

0883

without fail

□□□

必ず，間違いなく

▶ 命令形では高圧的に響きかねないので多用は慎む。代わりに be sure to *do*, don't forget to *do*などを使う。

父は大阪行きの新幹線を貸し切りにしてうんこをしたことがある。

My father has chartered a bullet train **bound for** Osaka to do unko before.

彼らは手を取り合ってうんこのイベントを盛り上げようとした。

They worked **hand in hand** trying to make the unko event a success.

遅かれ早かれ，人類はうんこの尊さに気づくはずだ。

Sooner or later, humanity is bound to realize the significance of unko.

ブラッドは走る飛行機の機体にしがみついた。さらに，そのままうんこをした。

Brad latched onto the airplane while it was moving. **What is more**, he did unko at the same time.

駅の券売機が故障して「うんこ」しか表示しなくなっている。

The ticket machine at the station is **out of order** and will only show “unko.”

彼ら２人がうんこの話をすると必ず最後はつかみ合いのけんかになる。

Those two can **never** talk about unko **without** it ending in a fistfight.

校長は毎朝必ず自分のうんこの写真を学校のホームページに掲載する。

The principal posts a piece of his unko on the school webpage every morning **without fail**.

0884

at any rate

□□□

とにかく，いずれにしても

類 anyway

類 in any case[event]

類 at all events

0885

for nothing

□□□

無料で

類 for free

0886

as a (general) rule

□□□

ふつう（は），概して

類 nine times out of ten

0887

on (the) condition (that) ~

□□□

～という条件で，～ならば

0888

out of breath

□□□

息切れして

類 short of breath

0889

under construction

□□□

建築中で，工事中で

▶ under repairは「修繕中で」という意味。

0890

not so much *A* as *B*

□□□

AというよりB

▶ not *A* so much as *B*の語順も可。

類 *B* rather than *A*

とにかく，その体中のうんこを洗い流さない限り試合への出場は認められません。

At any rate, you cannot join the match unless you wash off the unko all over your body.

入会した月は，施設内で何回うんこをしても無料です。

For the month you sign up, you can do unko as many times as you want on the premises for nothing.

ふつうは，大統領は一般人と一緒にうんこをすることはない。

As a general rule, the president never does unko with the general population.

うんこの話をしないという条件で，市長との面会が許可された。

On the condition that we didn't talk about unko, we were granted a meeting with the mayor.

全力で走って息切れしている彼にうんこをさせるのはさすがに酷でしょう。

It's rather cruel to make him do unko when he's out of breath after sprinting at full speed.

このビルが建築中だったときから，ここでうんこをしようと決めていたんです。

Ever since this building was under construction, I was set on doing unko here.

それは黒曜石というよりただのうんこに見えた。

It looked not so much like obsidian as just unko.

0891	**How come (~)?** ☐☐☐	どうして（～）？ ▶ Why ～？より口語的。 ▶ How comeのあとは主語＋動詞の語順になる。
0892	**little by little** ☐☐☐	少しずつ ▶ not a littleは「少なからぬ量」という意味。 類 **progressively**
0893	**once upon a time** ☐☐☐	昔々 ▶ 昔話の出だしに使われる。
0894	**against *one's* will** ☐☐☐	自分の意に反して ▶ この willは名詞で「意志」という意味の語。
0895	**on second thought(s)** ☐☐☐	よく考えてみると ▶ thoughtsは主に英で用いられる。
0896	**the pros and cons** ☐☐☐	賛否両論 ▶「賛否両論の［で］」は，pro and con。
0897	**that's[this is] why ～** ☐☐☐	それ［これ］は～の理由だ

どうして両肩にうんこをのせているのですか?

How come you have unko on both of your shoulders?

猟師が鉄砲で狙いを定めたまま少しずつうんこに近づいている。

With his gun aimed, the hunter is approaching the unko little by little.

昔々，人間とうんこの区別がまだない時代があった。

Once upon a time, there was no distinction between people and unko.

シャロンは，自分の意に反してうんこを否定する歌を歌わされていた。

Sharon was forced to sing an anti-unko song against her will.

よく考えてみると，正しいうんこのやり方などないのだと気づいた。

On second thought, I realized that there was no correct way to do unko.

科学者たちは発電のためにうんこを使用することの賛否を議論した。

The scientists discussed the pros and cons of using unko to generate electricity.

アレクサンドルはうんこを禁止されて育った。彼がうんこを恐れるのはそういう理由だ。

Alexander was forbidden from doing unko growing up. That's why he fears it now.

0898

(It is) No wonder (that) ～.

□□□

～なのは当然だ。

▶ It is natural that ～.よりも口語的な表現。

▶ noの代わりに small, little なども使われる。

類 **It is natural that ～.**

0899

for lack[want] of ～

□□□

～がないために，～の不足のために

▶ ここでの wantは「欠乏，不足」という意味の名詞。

0900

in honor of ～

□□□

～に敬意を表して，～のために

▶ in *one's* honorとなることもある。

エドガーのうんこを勝手にオークションに出した？　彼が激怒するのも当然だ。

You put Edgar’s unko up for auction without asking? No wonder he’s furious.

多くの人は情報不足のためにうんこの正しい持ち方をわかっていない。

Many people don’t know the correct way to hold unko for lack of information.

亡くなった監督に敬意を表して，選手たちが彼のうんこを胴上げしている。

In honor of the late coach, the players are tossing his unko in the air.

SECTION 3

0901

tear up ～

□□□

～をずたずたに引き裂く，
～をはぎ取る，
～を分裂させる

0902

brush up (on) ～

□□□

（語学など）をやり直して
磨きをかける

▶ onのない形で brush ～ upの
語順でも可。

0903

pass out

□□□

気絶する，酔いつぶれる

▶ ほかに他動詞で「～を配る」の意味もある。
その場合は，pass ～ outの語順も可。

0904

say hello to ～

□□□

～によろしくと言う

0905

shut up (～)

□□□

話をやめる，
～を黙らせる

▶ 他動詞用法では shut ～ upの語順も可。

0906

suspect *A* of *B*

□□□

BについてAを疑う

▶ suspect *A* as *B*は「BとしてAに
疑いをかける」という意味。

犯人の自宅から，ずたずたに引き裂かれたうんこの写真が大量に出てきた。

They found a large number of pictures of unko that had been **torn up** in the perpetrator's house.

海外の人ともっとうんこの話がしたいので，英語力を磨き直している。

I want to talk more about unko with people from overseas, so I'm **brushing up on** my English.

そのうんこを見た途端，神父は泡を吹いて気絶してしまった。

The moment he saw the unko, the priest began to froth at the mouth and **passed out**.

うんこを持ってきてくれた青年にもよろしくお伝えください。

Say hello to the young man who brought the unko, too.

話をやめて，机の上のうんこに集中しなさい！

Shut up and concentrate on the piece of unko on your desk!

観客は，彼がうんこを偽物とすりかえたのではないかと疑っていた。

The audience **suspected** him **of** swapping the piece of unko with a fake.

0907

name *A* after *B*

□□□

AをBにちなんで名づける

▶ 主に米では name *A* for *B*とも言う。

0908

put ~ back

□□□

~を元通りにする

▶ put back ~の語順も可。

0909

take a chance

□□□

危険を冒す，
思い切ってやってみる，
賭ける

0910

think over ~

□□□

~をよく考える

▶ think ~ overの語順も可。

0911

have second thought(s)

□□□

別の考えを持つ

▶ second thoughtで「再考」という意味。

0912

keep up with ~

□□□

~に遅れずについていく

類 keep abreast of ~

0913

make up for ~

□□□

~の埋め合わせをする

「うんこ」という語は，北欧神話に出てくる武器の名にちなんでつけられたという説がある。

There is a theory that “unko” was **named after** a weapon from Scandinavian mythology.

ここにあるうんこは自由に閲覧してよいが，元の場所に戻すように。

You may look at the unko here freely, but please **put** it **back** after.

うんこなんてまたすればいい！　そんな危険を冒してまで拾うことはない。

You can just do unko again! There’s no need to **take** such **a** dangerous **chance** just to get a piece of unko.

右のうんこと左のうんこ，どちらを持って行くか，よく考えてから決めなさい。

Think it **over** before deciding whether to take the piece of unko on the right or the one on the left.

バリーはそのうんこを見てから人生について別の考えを持ち始めた。

After seeing that unko, Barry began to **have second thoughts** about his life.

彼はコースの途中でうんこをしながらも先頭集団に遅れずについていっている。

He is **keeping up with** the leading group even while doing unko on the course.

埋め合わせになるかわからないけど，代わりのうんこを持ってきたよ。

I don’t know if it will **make up for** it, but I brought a new piece of unko.

0914

come down with ～

□□□

（病気）にかかる

類 get[become / fall / be taken] sick[ill] with ～

0915

kill time

□□□

時間をつぶす

▶ くだけた表現。

0916

reach out for ～

□□□

～を取ろうと手を伸ばす

0917

Something is wrong with ～.

□□□

～はどこか調子がおかしい［故障している］。

類 There is something wrong with ～.

0918

stand in for ～

□□□

～の代理をする

類 fill in for ～

0919

step down

□□□

辞任する

▶ step inは「干渉する」という意味。

類 step aside

0920

do ～ a favor

□□□

～のために役立つ

▶ do a favor for ～でも同じ意味で使うことができる。

このうんこを首に巻いておけば病気にかからなくなると言われたんです。

I was told that I would never **come down with** an illness again if I wrapped this unko around my neck.

時間をつぶそうと思ってうんこに松の葉をさしていました。

I was poking a piece of unko with pine needles to **kill time**.

ショーンは武器を取ろうと手を伸ばしたが，うんこしか残っていなかった。

Shawn **reached out for** his weapon, but only unko was left there.

いつもは本当に 3 秒以内にうんこが出せるんですが，今日は体の調子がどこかおかしいみたいです。

I can usually get my unko out within three seconds, but **something is wrong with** me today.

主役のギレルモが本番前にうんこをもらしたため，双子の弟が代理をつとめた。

The starring performer Guillermo had done unko in his pants right before the performance, so his twin brother **stood in for** him.

生放送中にキャスターがうんこをした件で，テレビ局の社長が辞任する騒ぎになった。

There was an incident where the president of the TV company **stepped down** after a newscaster did unko during a live broadcast.

このうんこはきっときみの役に立つ。

This piece of unko will surely **do you a favor**.

3
1
2
3

0921

keep *one's* word[promise]

□□□

約束を守る

▶ *one's* wordで「約束」という意味。
break *one's* wordで「約束を破る」。

0922

make *one's* way to ～

□□□

～へ進む，～へ向かう

▶ find *one's* way to ～で
「苦労して～まで進む」という意味。

0923

make it to ～

□□□

～に間に合う，
～に出席する

▶「～に出席する」という意味では
go to ～，attendと同義。

0924

make up *one's* mind

□□□

決心する

類 decide

反 change *one's* mind「気が変わる」

0925

wear off

□□□

次第になくなる

0926

have a lot in common with ～

□□□

～と共通点が多い

0927

have no (other) choice but to *do*

□□□

～するよりほかに
仕方がない

セルジオは選手宣誓のときにうんこをするという約束を守った。

Sergio kept his word to do unko during his athlete's oath.

ロボット掃除機がうんこのほうへ進んでいく。

The robot vacuum cleaner is making its way to the piece of unko.

確かにうんこはもらしているけど，映画の上映時刻には間に合ったじゃないか。

Yes, I did do unko in my pants, but I still made it to the movie on time, didn't I?

このうんこを流す決心がどうしてもつけられない。

I just can't make up my mind to flush this piece of unko.

薬の効果が次第になくなり，またうんこの幻覚が見えてきた。

The effect of the medicine wore off gradually and I again began to see hallucinations of unko.

うんことロックミュージックは共通点が多い。

Unko has a lot in common with rock music.

あの状況では，コンビニの袋にうんこをするよりほかに仕方がなかった。

In that situation, I had no choice but to do unko in the bag from the convenience store.

3 1

3 2

3 3

0928

keep away from ～

□□□

～に近づかない

▶ keep ～ awayは「～（人）を遠ざけておく」という意味。

0929

make a profit

□□□

利益を得る

0930

make friends with ～

□□□

～と親しくなる

▶ friendsと必ず複数形になる。

0931

It is (about[high]) time (that) ～.

□□□

（ほぼ［とっくに］）～してよいころである。

▶ 仮定法として，ふつうthat節では過去形を使う。

▶ ややくだけた表現。

0932

It is no use *doing*.

□□□

～しても無駄である。

類 **There is no use (in) *doing*.**

0933

make room for ～

□□□

～のためのスペースを空ける

▶ ここでのroomは「部屋」という意味ではなく，「空間，場所」という意味の名詞。

0934

make the best of ～

□□□

（不利な状況で）～を最大限に利用する

▶ make the best of it[things]の形も多い。

うんこをしようとしている彼には近づかない方が身のためだよ。

It's for your own sake to **keep away from** him when he's trying to do unko.

彼はうんこに名前をつける商売で利益を得ている。

He is **making a profit** on a business putting names on pieces of unko.

ホリーが宇宙から来た生物と親しくなれたきっかけはうんこだった。

Unko was what let Holly **make friends with** the organism from space.

もう捜索隊がうんこを見つけてもよいころだ。

It's about time the search team found some unko.

彼との間にはアクリル板があるのでいくらうんこを投げても無駄である。

There's a plastic divider between us, so **it's no use throwing** unko at him.

これからブレットが来てそこでうんこをするので，スペースを空けてください。

Brett is going to come over and do unko over there, so **make room for** him.

彼は唯一持っていたうんこを最大限に活用して島からの脱出に成功した。

He **made the best of** the single piece of unko he had and successfully escaped from the island.

3 1

3 2

3 3

0935

pass down ~

□□□

～を（後世に）伝える

0936

pull over ~

□□□

（車など）をわきに寄せる

▶ pull outで「（車が）道路に出る」という意味。

0937

keep[bear] ~ in mind

□□□

～を心にとどめておく，～を忘れない

▶ ～に that節を用いるときは keep in mind that ～の語順になる。

0938

learn ~ by heart

□□□

～を暗記する

▶ know ～ by heartは「～を暗記している」という「状態」を表す。

0939

arrange for ~

□□□

～を手配する

▶ arrange with ～は「～と取り決めをする」という意味。

0940

load *A* with *B*

□□□

AにBを積む

▶ load *B* into[onto] *A*でも同じ意味を表す。

0941

talk ~ into *doing*

□□□

～を説得して…させる

反 talk ～ out of *doing*「～を説得して…するのをやめさせる」

うんこにまつわる英知の数々は，ある理由によって後世に伝えられなかった。

The many pieces of wisdom concerning unko were not passed down to the next generation for a certain reason.

父は車をわきに寄せて，電話でうんこの話を始めた。

My father pulled over the car and started a phone conversation about unko.

きみのうんこを待っているファンがいるという事実を，心にとどめておくべきだ。

You should keep in mind that there are fans out there waiting for your unko.

円周率を30桁まで暗記できたが，一度うんこをしたら全て忘れた。

I had learned pi up to the 30th digit by heart, but the first time I did unko, I forgot it all.

パクに頼めばたいていのうんこは4時間以内に手配してくれる。

If you ask Pak, he can arrange for most unko within four hours.

彼らは慌ててうんこを車に積みこみ，逃げて行った。

They rushed to load the car with unko and ran off.

彼女はどんな人でも説得してその場でうんこをさせる技術を持っている。

She has the skills to talk anyone into doing unko on the spot.

3 1

3 2

3 3

0942

shake off ~

□□□

～を払拭する

0943

fade out

□□□

次第に小さく［暗く］なる

反 **fade in**「次第に大きくなる」

0944

hang in there

□□□

持ちこたえる

0945

lack for ~

□□□

～が欠乏する

▶ 堅い表現。

0946

watch *one's* step

□□□

足元に注意する，慎重に行動する

0947

help *oneself* to ~

□□□

～を自由に取る

▶ 飲食物だけでなく，他の物品を勧めるときにも使う。

0948

be apt to *do*

□□□

～しがちである

類 **tend to *do***

彼の登場以来，うんこのマイナスイメージは完全に払拭された。

Because of his arrival, the negative image surrounding unko was **shaken off** entirely.

スクリーンにはうんこだけが映し出され，120 分かけて徐々に消えていった。

The screen showed only unko, which **faded out** gradually over 120 minutes.

ここでうんこをもらさずに持ちこたえられれば，きみの精神は確実に成長するぞ。

If you're able to **hang in there** and keep holding in your unko, your willpower will grow without doubt.

酸素が欠乏し，うんこの幻覚が見えるようになってきた。

Lacking for oxygen, I started seeing hallucinations of unko.

車内の何か所かに私がしたうんこがございますので，足元にご注意ください。

Unko I've done is spread around a few places in the train, so please **watch your step**.

うんこが終わった方は，ワインをご用意しておりますのでご自由にお取りください。

If you've finished doing unko, we have wine available, so please **help yourself to** it.

リチャードはうんこのことを考えるとき鼻の穴が広がりがちだ。

Richard's nostrils **are apt to** flare when he thinks about unko.

3 1

3 2

3 3

0949

be convinced of ~

□□□

～（ということ）を確信している

▶ be convinced that *S*＋*V* と節を取る形もある。

0950

be abundant in ~

□□□

～が豊富である

類 be rich in ～

0951

be short of ~

□□□

～が不足している

▶ short for ～は「～を省略した」という意味。

0952

be bored with ~

□□□

～に飽きている

▶ boredは「人が退屈した」, boringは「人を退屈させる」という意味の違いに注意する。

0953

be in contact with ~

□□□

～と連絡を取っている

0954

be considerate of[to] ~

□□□

～に対して思いやりのある

▶ It is considerate of ～ to *do*.は「…するとは～は思いやりがある。」という頻出表現。

0955

be peculiar to ~

□□□

～に特有である

類 be unique to ～

類 be native to ～

うんこを探すスピードの勝負なら，誰もがピーターの勝利を確信している。

In a competition of speed to find unko, everyone is convinced of Peter's victory.

分析の結果，そのうんこにはウランが豊富に含まれていることがわかった。

As a result of the analysis, we learned that the unko was abundant in uranium.

あなたのうんこのやり方には，優雅さが足りない。

Your way of doing unko is short of elegance.

若者はもうふつうのうんこには飽きているんですよ。

Young people are bored with normal unko now.

あのときぼくのうんこを見つけてくれた人とは今でも連絡を取っている。

I'm still in contact with the person who found my unko that time.

他人の気持ちも思いやれない人間にうんこをする資格はない。

People who can't be considerate of others' feelings don't deserve to do unko.

コンサートでファンがうんこを振り回すのは，このジャンルの音楽に特有のノリだ。

Fans waving around unko at concerts is peculiar to music of this genre.

0956

be scared of ～

□□□

～が怖い

▶「～するのが怖い」と言いたいときは be scared to *do*となる。

0957

be all ears

□□□

一心に耳を傾けている

▶「一心に見ている，目を皿にする」は be all eyes。

類 **be all attention**

0958

be crazy about ～

□□□

～に夢中になっている

類 **be enthusiastic about ～**

0959

be preoccupied with ～

□□□

～に気を取られている

0960

be confident of ～

□□□

～に自信がある，～を確信している

▶「～することを確信している」と言いたいときは be confident of *doing*となる。

0961

be disappointed with ～

□□□

～に失望する

▶ disappointedは「（自分が）がっかりしている」，disappointingは「（他人を）がっかりさせる」という意味の違いに注意する。

0962

be in full bloom

□□□

満開である

▶ be fully in bloomとも表現する。

ジョージはうんこが怖くて30歳になるまで見たことがなかった。

George was scared of unko and had never seen any until he turned 30.

冒険家がジャングルで目撃したうんこの話に，聴衆は一心に耳を傾けた。

The audience was all ears to the adventurer's story about the unko he had witnessed in the jungle.

息子は最近，うんことさまざまな化学物質を混ぜることに夢中になっている。

Recently, my son is crazy about mixing unko with various chemicals.

確かに彼は盛大にうんこをもらしたが，すでにその事実に気を取られていない。

Indeed, he did do a huge unko in his pants, but he's no longer preoccupied with that fact.

一週間もらえれば，驚くべき人のうんこを用意できる自信があります。

Give me a week. I'm confident of getting the unko of an amazing person.

その空手家がうんこの塊をたたき割れなかったことにみんな失望していた。

Everyone was disappointed with the *karate* practitioner's failure to chop the clump of unko in half.

私が最後にうんこをしたのは，たしか桜が満開の季節だった。

I believe the last time I did unko was when the cherry blossoms were in full bloom.

3 1

3 2

3 3

0963

be on the verge of ～

～に瀕している

▶ verge on[upon] ～は「～にほとんど等しい」という意味。

0964

beyond description

言葉では表現できないほどの［に］

0965

out of stock

品切れ

▶ 似た表現に out of order「故障して」などがある。

0966

nothing less than ～

～にほかならない

▶ not less than ～は「少なくとも～」という意味。

0967

out of hand

手に負えない

類 out of control

0968

cannot ～ too ...

いくら～しても…しすぎることはない

類 cannot ～ (...) enough

0969

no less *A* than *B*

Bに劣らないほどAで，Bと同じ程度にAで

▶ no less than ～「～ほども多くの」と混同しないように注意する。

その動物は，死に瀕すると一瞬でうんこに擬態する。

That animal immediately mimics unko when it's on the verge of death.

間近で見たニコラスのうんこは，言葉では表現できないほどの迫力だった。

The power I felt when I saw the piece of Nicholas's unko up close was beyond description.

すみませんが店長のうんこは午前中には品切れになってしまいました。

I apologize, but the manager's unko was already out of stock as of this morning.

このうんこのことを新聞が掲載しないなら，ジャーナリズムの敗北にほかならない。

If they don't write about this unko in the paper, it's nothing less than the defeat of journalism.

残念だが，こんなうんこはもはや人類の手には負えない。

It's unfortunate, but this unko has gotten out of hand for humanity.

うんこを持ち運ぶときは，いくら密封してもしすぎることはない。

When transporting unko, it cannot be sealed too tightly.

アリゾナで発見されたうんこは，周囲の岩山に劣らないほどの巨大さだった。

The piece of unko discovered in Arizona was no less high than the surrounding crags.

3 1

3 2

3 3

0970

there is no point in *doing*

□□□

～しても意味がない

類 it makes no sense to *do*

0971

judging [to judge] from[by] ～

□□□

～から判断すると

0972

needless to say

□□□

言うまでもなく

0973

believe it or not

□□□

まさかと思うような話だが

▶ くだけた表現。

0974

in a rush

□□□

大急ぎで

▶ ここでの rushは「忙しさ，慌ただしさ」という意味の名詞。

0975

on duty

□□□

当番で，勤務時間中で

反 off duty「非番で，勤務時間外で」

0976

to say nothing of ～

□□□

～は言うまでもなく

類 not to speak of ～

エマが見に来ていないなら，今日いくらうんこをしても意味がない。

If Emma isn't here to watch, then there is no point in doing unko today.

うんこを見た瞬間の動きから判断すると，彼はかなりの格闘技経験者だろう。

Judging from his movements the instant he spotted the unko, he is quite an experienced martial artist.

言うまでもなく，ダンス中にうんこをもらしても途中でやめないこと。

Needless to say, do not stop dancing even if you do unko in your pants in the middle.

まさかと思うような話だが，うんこに話しかけ続けると，反応を返すことがある。

Believe it or not, if you keep talking to unko, sometimes it will respond.

バーテンダーは，うんこを忘れていった紳士を大急ぎで追いかけた。

The bartender went after the gentleman who forgot his unko in a rush.

3 人の警備員が当番でしたが，3 人ともうんこに行っていたと言っています。

There were three security guards on duty, but they say that all three of them had gone to do unko.

キンジのうんこは日本は言うまでもなく海外でも非常に人気がある。

Kinji's unko is extremely popular overseas, to say nothing of in Japan.

0977

out of use

□□□

使われなくなって

▶ go[fall] out of useは「使用されなくなる，すたれる」という意味。

0978

with pleasure

□□□

喜んで

▶ 快諾の返答として使われることが多い。

0979

no sooner *A* than *B*

□□□

AするやいなやBする

▶ no soonerが文頭に来る場合，その後は倒置になる。

類 as soon as ～

0980

not less than ～

□□□

少なくとも～

類 at least

0981

to a large[great] extent

□□□

大部分は，大体において

▶ on a large scaleは「大規模に」という意味。

0982

on schedule

□□□

予定どおりで，定時に

類 on time

0983

in a word

□□□

要するに，つまり

類 in brief

彼らは，使われなくなった遊園地に忍び込んでうんこをしている集団だ。

They're a group of people who sneak into amusement parks that have gone **out of use** and do unko in them.

私は,母校でうんこをしてほしいという依頼を喜んで引き受けた。

I accepted a request to do unko at my alma mater **with pleasure**.

大統領は，成田空港に降り立つやいなや，うんこをしに走って行ってしまった。

No sooner had the president landed at Narita Airport **than** he ran off to do unko.

その男は少なくとも100個以上のうんこを全身にぶら下げていた。

That man has strung **not less than** 100 pieces of unko on his body.

大体において，うんこを否定しようとする人は，本心ではうんこに強い好意を持っている。

To a large extent, the people who reject unko actually have strong positive feelings toward it on the inside.

予告で大炎上を起こしたうんこの映画が，予定どおり公開されるそうだ。

The film about unko that caused a big scandal with its trailer will be airing **on schedule**, it seems.

要するに，この台の上でうんこをすればいいんですね？

In a word, I just need to do unko on this platform, right?

3 1

3 2

3 3

0984

to *one's* regret

□□□

残念なことに

類 to *one's* disappointment

0985

all along

□□□

最初からずっと

▶ all along the coast「海岸に沿ってずっと」などの用法（前置詞）とは異なる副詞句。

類 from the beginning

0986

by any chance

□□□

（通例疑問文で）もしかして

0987

on the increase

□□□

増加中で

類 on the rise

反 on the decrease「減少中で」

0988

what is worse

□□□

さらに悪いことには

▶ what is moreは「その上」という意味。

0989

none of *one's* business

□□□

それは〜の知ったことではない

▶ none other than 〜は「だれかと思えば〜で」という意味で，驚きを表現する。

0990

in the short run

□□□

短期的に見れば

反 in the long run「長い目で見れば，結局は」

残念なことに，コンテストに応募されてきたうんこはゼロだった。

To our regret, the number of pieces of unko that were submitted for the contest was zero.

うんこでは接着剤の代わりにならないと最初からずっと言っているじゃないか！

I've been telling you that unko can't replace adhesive all along, haven't I!

もしかして私のうんこを推薦してくれたのはあなたですか？

By any chance, are you the one who recommended my unko?

予想に反して，うんこ専門の動画チャンネルの登録者が増加中だ。

Contrary to expectations, the number of subscribers to the video channel dedicated to unko is on the increase.

そのときマイクは運転免許を自宅に忘れており，さらに悪いことには，うんこももらしていた。

At the time, Mike had forgotten his driver's license at home and, what is worse, he had done unko in his pants.

撮影に必要なうんこが足りないことはわかったが，それは私の知ったことではない。

I understand that there's not enough unko to film, but that's none of my business.

街中にうんこをばらまけば，短期的に見れば防犯効果があるかもしれない。

If you spread unko around the town, it may deter crime in the short run.

3 1

3 2

3 3

0991

safe and sound

□□□

無事に

類 safely

0992

at[on] short notice

□□□

急に，即座に

0993

as[so] far as ～ be concerned

□□□

～に関する限り

0994

It goes without saying that ～.

□□□

～なのは言うまでもない。

0995

in brief

□□□

手短に

類 in short

0996

the instant (that) ～

□□□

～したとたん

類 as soon as ～

類 the moment (that) ～

0997

if it were not for ～

□□□

もし～がなければ

▶「過去」についての仮定は，if it had not been for ～。

類 but for ～

類 without ～

あんな場所でうんこをして，よく無事で戻ってこられたね。

I'm surprised you made it back safe and sound after doing unko in a place like that.

依頼が急ですと，ご希望の形のうんこがご用意できない可能性もございます。

At short notice, we may not be able to prepare unko in the shape of your choice.

うんこの素早さに関する限り，ジャスティン以上の人は出てこないだろう。

As far as speed of doing unko is concerned, there will never be a person greater than Justin.

うんこより大事なのは家族であることは言うまでもない。

It goes without saying that what's more important than unko is family.

では左の方から，うんこをするにあたっての意気込みを手短に述べてください。

So starting from the left, please express your enthusiasm for unko in brief.

彼は私がうんこを持っていると知ったとたん弱気な態度に変わりました。

The instant he noticed that I was holding unko, he went weak in the knees.

もし割りばしがこの世になかったら，人はうんこを運ぶときどうしていただろう。

If it were not for disposable chopsticks, how would people transport unko?

0998

(The) Chances are (that) ~.

☐☐☐

ひょっとしたら～だろう。, たぶん～だろう。

▶ くだけた表現。

▶ by chanceは「偶然に」という意味。

0999

the former ~, the latter ...

☐☐☐

前者は～で, 後者は…

▶ 堅い表現。

1000

having said that

☐☐☐

そうは言ったものの

▶ すでに話した内容について若干の修正を加える前に使う決まり文句。

類 **that said**

相手チームのキーパーがうんこに行ってしまったので，ひょっとしたら勝てるかもしれない。

The opponent's goalkeeper went to do unko, so the chances are that we'll win.

ジャドがステージでうんこをする場合の条件は2つ。前者は撮影について，後者はギャラについてだ。

There are two conditions to be met for Judd to do unko on stage. The former concerns photography, the latter concerns his pay.

そうは言ったものの，本当に私のうんこが必要なら一晩考えてみます。

Having said that, if my unko is truly necessary, I'll mull over it for a night.

確認テスト❸

これまでに学習した英熟語をまとめています。空欄に当てはまる英熟語を選び，きちんと英熟語の意味を覚えているか確認してみましょう。

1　あなたたちは，古いうんこのやり方に**しがみついている**だけでしょう。 You people are just ＿＿ to the old ways of doing unko. ① fading away　② hanging on　③ sitting back　④ sticking out	わからなかったら PART 3 SECTION 1 の 0717 を見返そう！
2　あなたたちの世代のうんこに対する考え方はもう**時代遅れだ**。 Your generation's ideas on unko are ＿＿ now. ① at first sight　② in the distance　③ on demand　④ out of date	わからなかったら PART 3 SECTION 1 の 0772 を見返そう！
3　警察は，息子がなくしたうんこの捜索**に本気で取り掛かってくれた**。 The police finally ＿＿ looking for the unko my son had lost. ① caught up on　② got down to　③ made fun of　④ sent for	わからなかったら PART 3 SECTION 2 の 0804 を見返そう！
4　**遅かれ早かれ**，人類はうんこの尊さに気づくはずだ。 ＿＿, humanity is bound to realize the significance of unko. ① At any late　② For nothing　③ Out of breath　④ Sooner or later	わからなかったら PART 3 SECTION 2 の 0879 を見返そう！
5　**時間をつぶそう**と思ってうんこに松の葉をさしていました。 I was poking a piece of unko with pine needles to ＿＿. ① kill time　② make a profit　③ pass out　④ take a chance	わからなかったら PART 3 SECTION 3 の 0915 を見返そう！
6　**要するに**，この台の上でうんこをすればいいんですね？ ＿＿, I just need to do unko on this platform, right? ① Believe it or not　② In a word　③ Needless to say　④ What is worse	わからなかったら PART 3 SECTION 3 の 0983 を見返そう！

英語
▼
日本語
チェック

大学入試 うんこ英熟語1000 総復習
『英語 ▶ 日本語チェック』

本書に収録されている英熟語をセクションごとに並べています。
きちんと覚えているか確認しましょう。
日本語の右の数字は各英熟語の番号を示しています。

PART 1 SECTION 1

1	▢	a few ～	少しの～, 少量の～	0048
2	▢	a number of ～	いくつもの～, かなり多くの～	0051
3	▢	a variety of ～	（同一種類のもので）さまざまな～, いろいろな～	0052
4	▢	according to ～	～によれば	0088
5	▢	after all	結局（は）, やっぱり	0072
6	▢	agree with ～	（人・考えなど）に同意する,（気候・食物などが）～に合う, ～に一致［適合］する	0041
7	▢	(all) on *one's* own	（全て）独力で,（全て）自分1人で	0076
8	▢	all over (～)	（～の）至る所に［で］	0099
9	▢	along with ～	～と一緒に, ～に加えて	0096
10	▢	as ～ as possible[*one* can]	できる限り～	0071
11	▢	as a result	結果として	0063
12	▢	as if[though] ～	まるで～のように	0083
13	▢	as many[much] as ～	～もの数［量］の, ～と同数［量］の	0092

14	▢ **as of ～**	～の時点で，～現在で	0098
15	▢ **as to ～**	～に関して（は）	0100
16	▢ **as well**	～もまた	0054
17	▢ **at (the) most**	せいぜい，多くても	0069
18	▢ **at first**	はじめは	0074
19	▢ **at least**	少なくとも	0055
20	▢ **at work**	仕事中で［の］，職場で	0049
21	▢ ***B* as well as *A***	A だけではなく B も	0079
22	▢ **be based on[upon] ～**	～に基づいている	0047
23	▢ **be likely to *do***	～しそうである	0046
24	▢ **be related to ～**	～に関係する	0045
25	▢ **both *A* and *B***	A も B も両方	0080
26	▢ **carry out ～**	～を実行する	0036
27	▢ **close to ～**	～のそばに［で］	0097
28	▢ **come from ～**	（場所）の出身である，～に由来する	0010
29	▢ **come up with ～**	（解決策など）を思いつく	0033
30	▢ **contribute to ～**	～に貢献する，～に寄付［寄稿］する	0016

31	▢	**deal with ～**	～を扱う，～を処理する	0024
32	▢	**decide to *do***	～しようと決心する	0007
33	▢	**each other**	お互い	0077
34	▢	**enable ～ to *do***	～が…するのを可能にする	0039
35	▢	**encourage ～ to *do***	～に…するように説得する	0035
36	▢	**end up ～**	最後には～になる	0019
37	▢	**enough to *do***	～するのに十分な	0061
38	▢	**even if ～**	たとえ～でも	0081
39	▢	**fail to *do***	～することに失敗する	0013
40	▢	**figure out ～**	～を理解する，～を計算する，～を解く	0040
41	▢	**fill in ～**	～を埋める，～を書き入れる	0014
42	▢	**find out ～**	（調査などの結果）を見つけ出す，（真相）を知る	0025
43	▢	**fit in ～**	～に適合する，～に調和する	0044
44	▢	**focus on ～**	～に焦点を合わせる，～に集中する	0004
45	▢	**for all ～**	～にもかかわらず	0095
46	▢	**for example[instance]**	例えば	0066
47	▢	**from ～ on[onward(s)]**	～から以後は	0070

48	▢ **get ～ to *do***	～に…させる	0031
49	▢ **give up ～**	～をあきらめる，～を捨てる［やめる］	0023
50	▢ **go on**	（時間が）過ぎる，（状況などが）続く	0012
51	▢ **grow up**	大人になる，（事態などが）生じる	0018
52	▢ **happen to *do***	偶然～する	0027
53	▢ **help ～ (to) *do***	～が…するのを手伝う	0009
54	▢ **in addition to ～**	～に加えて	0057
55	▢ **in all**	全部で	0073
56	▢ **in fact**	実際は	0067
57	▢ **in order[so as] to *do***	～するために	0058
58	▢ **in other words**	言い換えれば，つまり	0085
59	▢ **in terms of ～**	～の観点から，～に換算して	0094
60	▢ **in the future**	将来は，今後は	0065
61	▢ **in the past**	過去に	0068
62	▢ **instead of ～**	～の代わりに	0091
63	▢ **kind[sort] of (～)**	ちょっと（～），なんとなく（～）	0053
64	▢ **lead to ～**	～へ通じる，～を引き起こす	0003

65	☐	**learn to *do***	～できるようになる	0011
66	☐	**look for ～**	～を探す	0008
67	☐	**look like ～**	～のように見える	0020
68	☐	**make it**	間に合う，うまくやる，成功する，出席する	0021
69	☐	**much[still] more ～**	はるかにずっと～	0064
70	☐	**no longer ～**	もはや～ない	0062
71	☐	**on *doing***	～するやいなや	0056
72	☐	**on the other hand**	他方では，これに反して	0084
73	☐	**one another**	お互い	0078
74	☐	**over time**	長い年月をかけて	0075
75	☐	**owing[due] to ～**	～のために	0090
76	☐	**participate in ～**	～に参加する	0037
77	☐	**pay for ～**	～の代金を支払う	0032
78	☐	**pick up ～**	～を（車などに）乗せる，～を拾う	0030
79	☐	**point out ～**	～を指摘する	0028
80	☐	**rather than ～**	～よりもむしろ	0089
81	☐	**refer to ～**	～を参照する，～に言及する	0005

82	▢ **rely on[upon] ～**	～に頼る	0017
83	▢ **result in ～**	～という結果になる	0015
84	▢ **search for ～**	～を探す［捜す］	0034
85	▢ **similar to ～**	～と似ている	0050
86	▢ **so that ～ will[can] *do***	（目的を表して）～が…する［できる］ように	0086
87	▢ **so ～ that …**	（結果を表して）非常に～なので…	0082
88	▢ **such (a[an]) ～ …**	それほど～な…	0060
89	▢ **such as ～**	～のような	0087
90	▢ **suffer from ～**	（病気など）に悩む，～で苦しむ	0043
91	▢ **take place**	起こる，催される	0026
92	▢ **tend to *do***	～しがちである，～する傾向がある	0002
93	▢ **think of ～**	～のことを考える，～しようかなと思う	0006
94	▢ **too ～ to *do***	…するには～すぎる	0059
95	▢ **up to ～**	～まで	0093
96	▢ **used to *do*[be]**	よく～したものだった，昔は～であった	0001
97	▢ **wait for ～**	～を待つ	0042
98	▢ **work for ～**	～で働く	0029

99	▢ worry about ～	～のことで心配する	0022
100	▢ would like to *do*	～したいのですが	0038

PART 1 SECTION 2

101	▢ a couple of ～	2つ［2人］の～	0161
102	▢ a piece of ～	1つ［1個・1本・1枚］の～	0163
103	▢ a[the] series of ～	一連の～	0159
104	▢ account for ～	～の原因となる，～の理由を説明する	0111
105	▢ agree to ～	（提案・計画・条件など）を認める	0148
106	▢ all the time	いつも，常に	0172
107	▢ and so on[forth]	～など	0168
108	▢ apart from ～	～のほかに	0200
109	▢ apply to ～	～に当てはまる	0103
110	▢ as a whole	全体として（の）	0177
111	▢ as for ～	～について言えば，～に関する限り	0197
112	▢ as soon as ～	～するやいなや	0187
113	▢ as[so] long as *S*+*V*	（条件）Sが～さえすれば，（時間的限度）Sが～する限り［間］は	0185
114	▢ ask for ～	～を求める	0116

115	▢	**be associated with ～**	～に関連している	0156
116	▢	**be confronted with[by] ～**	（困難・問題など）に直面している	0154
117	▢	**be expected to *do***	～すると予想されている	0150
118	▢	**be interested in ～**	～に興味がある	0157
119	▢	**be required to *do***	～することを要求される	0152
120	▢	**be responsible for ～**	～に責任がある	0155
121	▢	**be supposed to *do***	～することになっている，（世間で）～と考えられている	0153
122	▢	**be unable to *do***	～することができない	0149
123	▢	**be willing to *do***	～してもかまわない	0151
124	▢	**believe in ～**	～を信用する，～のよさ［存在］を信じる	0125
125	▢	**bring about ～**	～を引き起こす	0129
126	▢	**call for ～**	～を必要とする，～を求める	0140
127	▢	**calm down ～**	～を落ち着かせる	0146
128	▢	**care about ～**	～を気にかける，～に関心を持つ	0120
129	▢	**come back (to ～)**	（～に）戻る	0117
130	▢	**come out**	現れる，ばれる，出版される	0130
131	▢	**consist of ～**	～から成り立っている	0105

132	▢	**depend on[upon] ～**	～次第である，～に頼る	0110
133	▢	**either *A* or *B***	A か B のどちらか	0188
134	▢	**every[each] time ～**	（接続詞的に）～するたびに	0192
135	▢	**far from ～**	～どころではない，～にはほど遠い	0160
136	▢	**for the first time**	初めて	0166
137	▢	**force ～ to *do***	～に…するよう強制する	0114
138	▢	**forget to *do***	～するのを忘れる	0137
139	▢	**get rid of ～**	（厄介なもの）を取り除く	0136
140	▢	**go into ～**	～に入る	0141
141	▢	**in a way**	ある点で，ある意味では	0184
142	▢	**in general**	一般に	0180
143	▢	**in particular**	特に	0170
144	▢	**in public**	人前で，公然と	0183
145	▢	**in spite of ～**	～にもかかわらず	0194
146	▢	**in the end**	ついには，結局は	0181
147	▢	**in the middle of ～**	～の中央に	0196
148	▢	**in the way (of ～)**	（～の）邪魔になって	0179

149	▢	**in time (for ～)**	（～に）間に合って	0176
150	▢	**in turn**	順々に,（立ち代わって）次に(は)	0169
151	▢	**intend to *do***	～するつもりである	0122
152	▢	**(just) in case**	念のため	0182
153	▢	**live on ～**	～で暮らす，～を常食にする	0107
154	▢	**look forward to ～**	～を楽しみに待つ	0127
155	▢	**manage to *do***	なんとか～する［やり遂げる］	0106
156	▢	**more and more ～**	ますます多くの～	0158
157	▢	**much[still] less ～**	（否定文の直後で）ましてや～ではない	0189
158	▢	**no matter what[how / when, etc.] ～**	何が［どんなに・いつなど］～でも	0171
159	▢	**not always ～**	必ずしも～ではない	0165
160	▢	**not at all**	まったく～ない	0173
161	▢	**on (the[an]) average**	平均して	0174
162	▢	**on time**	時間どおりに［で］	0178
163	▢	**～ or so**	～かそこら	0175
164	▢	**play a (～) role[part] (in ...)**	（…で）（～な）役割を演じる［果たす］	0138
165	▢	**plenty of ～**	たくさんの～	0162

166	▢	**prepare for ～**	～の準備をする，～に備える	0123
167	▢	**prevent ～ from *doing***	～が…しないようにする	0112
168	▢	**provide *A* with *B***	A に B を供給する	0124
169	▢	**provided (that) ～**	もし～ならば	0191
170	▢	**put on ～**	～を（身に）つける,（電気器具・ガスなど）をつける	0139
171	▢	**recover from ～**	～から回復する	0109
172	▢	**refuse to *do***	～することを断る	0108
173	▢	**regardless of ～**	～に関係なく，～に（も）かかわらず	0195
174	▢	**result from ～**	～から起こる	0128
175	▢	**run out**	尽きる	0144
176	▢	**see (to it) that ～**	～するように気をつける［取り計らう］	0101
177	▢	**see *A* as *B***	A を B と考える	0113
178	▢	**seem like ～**	～のように思える	0132
179	▢	**slow down (～)**	速度が落ちる，（～の）速度を落とす	0134
180	▢	**so far**	今までのところ	0164
181	▢	**sound like ～**	～のように思える	0102
182	▢	**start with ～**	～で始まる	0142

183	☐	**succeed in ～**	～に成功する	0135
184	☐	**take *A* for *B***	AをBだと（誤って）思う，AをBと間違える	0145
185	☐	**take advantage of ～**	～を利用する，～につけ込む	0126
186	☐	**take care of ～**	～の世話をする，～に気をつける	0119
187	☐	**take in ～**	～を取り入れる，～を理解する	0121
188	☐	**take off ～**	～を脱ぐ，～を取り外す	0143
189	☐	**take over (～)**	（～を）引き継ぐ，～を支配する	0118
190	☐	**take part in ～**	～に参加する	0131
191	☐	**take up ～**	（場所・時間）を取る，～を取り上げる	0147
192	☐	**thanks to ～**	～のおかげで	0193
193	☐	**the moment[minute] (that) ～**	（接続詞的に）～するとすぐに	0186
194	☐	**these days**	近ごろは，このごろは	0167
195	☐	**throw away ～**	～を捨てる	0133
196	☐	**together with ～**	～と一緒に，～に加えて	0199
197	☐	**turn out (to be)**	～であることがわかる，（結果的に）～になる	0104
198	☐	**when it comes to ～**	～のこととなると，（～する）段になると	0190
199	☐	**with all ～**	～にもかかわらず	0198

200	▢ **work out (～)**	（計画が）うまくいく，～を作り出す，～を解決する，～の答えを出す	0115

PART 1 SECTION 3

201	▢ **a wide range of ～**	幅広い種類の～	0265
202	▢ **above all (else)**	とりわけ，特に	0283
203	▢ **agree on ～**	～に意見がまとまる	0246
204	▢ **ahead of ～**	（位置・順番で）～の先に，～より進んで，（時間的に）～より先に	0293
205	▢ **aim at ～**	～を狙う，～を目指す	0231
206	▢ **all the way**	はるばる，ずっと	0276
207	▢ **apply for ～**	（仕事・許可など）を申し込む，～を志願［申請］する	0226
208	▢ **as far as ～**	～する限り	0287
209	▢ **ask ～ to *do***	～に…するように頼む	0241
210	▢ **at a time**	一度に	0268
211	▢ **at once**	すぐに	0269
212	▢ **at the moment**	現在は	0278
213	▢ **be about to *do***	今にも～しようとしている	0262
214	▢ **be aware of ～**	～に気がついている，～を知っている	0256
215	▢ **be capable of ～**	～ができる，～の能力がある	0260

216	▢	**be different from ～**	～とは違っている	0255
217	▢	**be due to ～**	～のため［結果］である	0258
218	▢	**be far from ～**	～からはほど遠い	0263
219	▢	**be full of ～**	～に満ちている	0259
220	▢	**be involved in ～**	～に関係［関与］している，～に携わっている，～に熱中している	0261
221	▢	**be said to *do***	～すると言われている	0257
222	▢	**be unlikely to *do***	～しそうにない	0264
223	▢	**bear with ～**	～に耐える	0222
224	▢	**because of ～**	～の理由で	0299
225	▢	**bring back ～**	～を思い出させる	0250
226	▢	**bring up ～**	～を育てる	0217
227	▢	**build up ～**	～を築き上げる	0212
228	▢	**but for ～**	～がない［なかった］ならば	0294
229	▢	**by the time *S*+*V***	S が～するまでに（は）	0289
230	▢	**by the way**	ところで	0281
231	▢	**(can) afford to *do***	～する余裕がある	0223
232	▢	**clean up ～**	～をすっかりきれいにする	0243

233	▢ complain of[about] ～	～について不平を言う，（苦痛など）を訴える	0214
234	▢ concentrate on ～	～に集中する	0209
235	▢ cope with ～	～に対処する，～をうまく処理する	0213
236	▢ cut down[back] (on) ～	～の（消費）量を減らす，～を切り詰める，～を短くする	0208
237	▢ derive from ～	～に由来する，～から出ている	0207
238	▢ die from[of] ～	～で死ぬ	0247
239	▢ differ from ～	～と異なる	0218
240	▢ except for ～	～を除いて	0300
241	▢ fall asleep	眠り込む	0248
242	▢ far away (from ～)	（～から）遠く離れて	0266
243	▢ for (so) long	長い間	0284
244	▢ for a while	しばらくの間	0274
245	▢ for free	無料で	0282
246	▢ for sure[certain]	確かに（は）	0272
247	▢ get better	快方に向かう	0244
248	▢ get married	結婚する	0245
249	▢ get on (～)	（公共の乗り物などに）乗る	0211

250	▢ **get out of ～**	～から（外へ）出る	0238
251	▢ **get up**	起きる, 起床する	0210
252	▢ **get used to ～**	～に慣れる	0237
253	▢ **graduate from ～**	～を卒業する	0216
254	▢ **hand in ～**	（手渡しで）～を提出する	0230
255	▢ **have access to ～**	～を利用できる, ～に近づける	0228
256	▢ **have no idea**	見当がつかない	0215
257	▢ **in advance (of ～)**	（～に）前もって	0279
258	▢ **in common**	共通して	0270
259	▢ **in favor of ～**	～のほうを選んで, ～に賛成して	0295
260	▢ **in response to ～**	～に応じて［答えて］	0297
261	▢ **in the first place**	まず第一に	0267
262	▢ **interfere with ～**	～を妨げる, ～の邪魔をする	0240
263	▢ **lie in ～**	～にある	0203
264	▢ **live[lead] (a) ～ life**	～の生活をする	0236
265	▢ **look after ～**	～の世話をする	0229
266	▢ **look into ～**	～を調べる	0249

267	☐	**look up ～**	（辞書・電話帳などで）～を調べる	0205
268	☐	**make sense**	意味をなす，道理にかなう	0204
269	☐	**meet with ～**	～を受ける，～を経験する	0232
270	☐	**more or less**	多かれ少なかれ，程度の差はあれ	0277
271	☐	**neither *A* nor *B***	A でも B でもない	0291
272	☐	**no doubt**	間違いなく	0273
273	☐	**no more than ～**	わずか～	0298
274	☐	**now that ～**	今はもう～なので，～である以上	0286
275	☐	**on a ～ basis**	～の基準［原則］で	0271
276	☐	**on earth**	（疑問詞を強めて）一体全体	0280
277	☐	**on top of ～**	～のてっぺんに［で］	0296
278	☐	**pay[give] attention to ～**	～に注意を払う	0253
279	☐	**point of view**	見地	0285
280	☐	**pretend to *do***	～するふりをする	0225
281	☐	**put up ～**	～を掲げる，～を上げる，～を建てる	0234
282	☐	**remember *doing***	～したのを覚えている	0239
283	☐	**remind *A* of[about] *B***	A に B を思い出させる	0224

284	▢	**run out of ～**	～を使い果たす	0251
285	▢	**see if ～**	～かどうかを確かめる	0201
286	▢	**show up**	（予定の場所に）現れる	0219
287	▢	**～, so (that) ...**	～だ，その結果…だ	0290
288	▢	**stop ～ from *doing***	～が…するのをやめさせる	0252
289	▢	**take away ～**	～を取り除く	0242
290	▢	**take on ～**	～を引き受ける，～を雇う	0202
291	▢	**that way**	そのようにすれば	0275
292	▢	**the＋比較級 ～, the＋比較級 ...**	～であればあるほど，いっそう…である	0292
293	▢	**think about *doing***	～しようかと考える	0221
294	▢	**think of *A* as *B***	A を B と見なす	0220
295	▢	**turn *A* into *B***	A を B に（質的に）変える	0233
296	▢	**wake up (～)**	目が覚める，（人）の目を覚まさせる	0206
297	▢	**whether ～ or not**	～かどうか	0288
298	▢	**～ will do**	～は役に立つ，～は用が足りる	0254
299	▢	**write down ～**	～を書き留める，～を記録する	0235
300	▢	**write to ～**	～へ手紙を書く	0227

PART 1 SECTION 4

No.		Phrase	Meaning	ID
301	☐	**adjust (*A*) to *B***	(A を)B に調節する[合わせる]	0312
302	☐	**admit to ～**	～を認める，～を告白する	0341
303	☐	**all but ～**	～も同然，ほとんど～	0363
304	☐	**and yet**	それにもかかわらず	0394
305	☐	**as good as ～**	～も同然，ほとんど～	0379
306	☐	**as such**	そういうものとして，それ自体	0373
307	☐	**at last**	ついに，最後に	0362
308	☐	**at the expense of ～**	～を犠牲にして	0382
309	☐	**at times**	ときどき	0372
310	☐	**back and forth**	前後（左右）に，行ったり来たり	0369
311	☐	**be close to ～**	～に近い	0358
312	☐	**be made from ～**	～からできている	0356
313	☐	**be made of ～**	～でできている	0355
314	☐	**be reluctant to *do***	～したがらない	0357
315	☐	**be true of ～**	～に当てはまる	0354
316	☐	**break in (～)**	（～に）押し入る，口を挟む	0345

317	▢ **break out**	（火事・戦争などが）起こる	0338
318	▢ **by chance**	偶然に	0386
319	▢ **by contrast**	対照的に	0364
320	▢ **by far**	はるかに，ずっと	0392
321	▢ **call on[upon] ～**	～を訪問する	0327
322	▢ **carry on (～)**	（～を）続ける	0332
323	▢ **catch up with[to] ～**	（遅れた状態から）～に追いつく	0326
324	▢ **come across ～**	～に偶然出会う，～を偶然見つける	0316
325	▢ **correspond to ～**	～に相当する，～に該当する	0329
326	▢ **die out**	絶滅する	0347
327	▢ **drop in**	ちょっと立ち寄る	0311
328	▢ **drop out (of ～)**	（～から）脱落する，（～を）中途退学する	0352
329	▢ **ever since**	それ以来ずっと	0398
330	▢ **every other ～**	1つおきの［に］	0361
331	▢ **for good**	永久に	0376
332	▢ **for now**	当分は，今のところは	0393
333	▢ **for the sake of ～**	～のために	0375

334	▢ **get along**	やっていく	0306
335	▢ **get along[on] with ～**	～とうまくやっていく	0324
336	▢ **get lost**	道に迷う	0310
337	▢ **get off ～**	(列車など)から降りる	0344
338	▢ **go by**	(時などが)たつ, 通り過ぎる	0301
339	▢ **go over ～**	～を調べる, ～に詳細に目を通す	0346
340	▢ **go wrong**	失敗する	0328
341	▢ **had better *do***	～すべきだ	0334
342	▢ **have nothing to do with ～**	～とまったく関係がない	0318
343	▢ **hear from ～**	～から便り[電話・伝言]がある	0321
344	▢ **hesitate to *do***	～するのをためらう	0330
345	▢ **hold on**	(命令文で)待つ	0348
346	▢ **if only ～**	～でありさえすれば	0395
347	▢ **in (the) face of ～**	～に直面して, ～にもかかわらず	0399
348	▢ **in charge of ～**	～を預かって, ～を管理して	0384
349	▢ **in contrast (to[with] ～)**	(～と)対照的に, (～と)著しく違って	0383
350	▢ **in need (of ～)**	(～を)必要として	0368

351	▢	**in person**	（代理人でなく）本人が，自ら	0389
352	▢	**in search of ～**	～を探して［捜して］	0400
353	▢	**in short**	つまり，短く言えば	0390
354	▢	**in that case**	その場合には	0388
355	▢	**in the long run**	結局は，長い目で見れば	0385
356	▢	**in[by] comparison (with ～)**	（～と）比較（検討）して	0366
357	▢	**insist on[upon] ～**	～を主張する	0351
358	▢	**let alone ～**	～は言うまでもなく	0387
359	▢	**look out (for ～)**	（～に）気をつける	0322
360	▢	**make sure (～)**	（～を）確かめる，確実に～する	0320
361	▢	**make up ～**	～を作り上げる，～を構成する	0307
362	▢	**may well *do***	～するのはもっともだ，～しても不思議ではない	0367
363	▢	**mean to *do***	～するつもりである	0353
364	▢	**not *A* but *B***	A ではなく B	0396
365	▢	**not only *A* but (also) *B***	A だけではなく B も	0374
366	▢	**nothing but ～**	ただ～だけ，～に過ぎない	0370
367	▢	**object to ～**	～に反対する	0337

368	▢ **occur to ～**	～の心に浮かぶ	0342
369	▢ **offer to *do***	～することを申し出る	0319
370	▢ **on *one's*[the] way to ～**	～に向かっている途中で	0378
371	▢ **on the contrary**	それどころか，それに反して	0380
372	▢ **over and over (again)**	何度も繰り返し	0365
373	▢ **prefer *A* to *B***	B より A を好む	0314
374	▢ **prior to ～**	～より前で	0397
375	▢ **put off ～**	～を延期する	0349
376	▢ **put up with ～**	～を我慢する	0333
377	▢ **reflect on[upon] ～**	～を熟考［反省］する	0317
378	▢ **right away**	直ちに，今すぐ	0371
379	▢ **run away**	逃げる，走り去る	0304
380	▢ **run into[across] ～**	～に偶然出会う，～を偶然見つける	0340
381	▢ **set in**	始まる	0313
382	▢ **share *A* with *B***	A を B と共有する	0336
383	▢ **speak out[up]**	はっきり［思い切って］話す	0323
384	▢ **specialize in ～**	～を専門にする	0303

385	▢	**stand for ～**	～を意味する，～の略字である	0305
386	▢	**stand out**	目立つ，際立つ	0335
387	▢	**stare at ～**	～をじっと見つめる	0308
388	▢	**stay up**	（寝ないで）起きている	0325
389	▢	**stem from ～**	～に起因する	0343
390	▢	**stick to ～**	～にくっつく，（主義・決定など）を堅持する	0302
391	▢	**take ～ for granted**	～を当然のことと思う	0350
392	▢	**take action**	行動を起こす	0339
393	▢	**the last ～ to *do***	最も…しそうでない～	0359
394	▢	**to some[a certain] extent**	ある程度	0391
395	▢	**to the point**	適切な，要領を得た	0360
396	▢	**turn off (～)**	（スイッチなど）を消す，（水・ガスなど）を止める，（明かりなどが）消える	0309
397	▢	**turn on (～)**	（スイッチなど）をつける，（水・ガスなど）を出す，（明かりなどが）つく	0315
398	▢	**turn up**	現れる，起こる	0331
399	▢	**up and down**	行ったり来たり，上下に	0381
400	▢	**would[had] rather *do* (than *do*)**	（…するよりも）むしろ～したい，（…するよりは）～するほうがましだ	0377

401	▢	**a great[good] deal (of ～)**	かなりたくさん（の～）	0481
402	▢	**a large amount of ～**	たくさんの～	0478
403	▢	**act on[upon] ～**	～に従って行動する	0412
404	▢	**add up to ～**	合計～になる	0460
405	▢	**advise ～ to *do***	～に…するよう助言する	0440
406	▢	**approve of ～**	～を承認する，～に賛成する	0457
407	▢	**back up ～**	（車など）を後退させる，（人）を支援する	0404
408	▢	**be afraid of ～**	～を恐れる［怖がる］，～を心配している	0466
409	▢	**be concerned about [for] ～**	～を心配している	0462
410	▢	**be concerned with[in] ～**	～に関係している	0472
411	▢	**be eager to *do***	～することを切望している	0463
412	▢	**be equal to ～**	～に等しい	0474
413	▢	**be essential for ～**	～には必須である	0467
414	▢	**be familiar with ～**	（物事）をよく知っている	0471
415	▢	**be free from[of] ～**	～がない	0476
416	▢	**be in danger (of ～)**	（～の）危険がある	0470

417	▢ **be in trouble**	困っている	0468
418	▢ **be married (to ～)**	（～と）結婚している	0473
419	▢ **be open to ～**	～に開放されている	0465
420	▢ **be superior to ～**	～より優れている	0469
421	▢ **be sure to *do***	間違いなく～する	0475
422	▢ **be worried about ～**	～を心配している	0461
423	▢ **be worth *doing***	～する価値がある	0464
424	▢ **blame *A* for *B***	B を A のせいにする，B のことで A を非難する	0453
425	▢ **bother to *do***	わざわざ～する	0447
426	▢ **break up (～)**	（～を）解散する［させる］	0411
427	▢ **bump into ～**	～に偶然出会う	0406
428	▢ **by accident**	偶然に	0490
429	▢ **by now**	今頃は，今はもう	0487
430	▢ **change *one's* mind**	気が変わる	0426
431	▢ **check out ～**	～を調査［点検］する，（魅力的なので）～を見てみる	0454
432	▢ **come along**	一緒に来る［行く］	0432
433	▢ **come true**	（夢・予言などが）実現する	0455

434	▢ **compensate for ～**	～の埋め合わせをする，～を補償する	0448
435	▢ **contrary to ～**	～に反して	0499
436	▢ **count on[upon] ～**	～を頼る，～を当てにする	0418
437	▢ **do *one's* best**	最善を尽くす	0420
438	▢ **drop by**	ちょっと立ち寄る	0444
439	▢ **eat out**	外食する	0459
440	▢ **expose *A* to *B***	A を B にさらす	0452
441	▢ **fall behind**	遅れる	0429
442	▢ **fall down**	落ちる，ひっくり返る	0416
443	▢ **feed on ～**	～を常食［えさ］にする	0428
444	▢ **feel like *doing***	～したい気がする	0423
445	▢ **fill out ～**	（書類など）に書き込む	0449
446	▢ **for a moment**	少しの間，一瞬	0485
447	▢ **for the most part**	大部分は，大体は	0495
448	▢ **from ～ point of view**	～の視点から（は）	0496
449	▢ **get back ～**	～を取り返す	0438
450	▢ **get injured**	けがをする	0427

451	☐ **get together (～)**	集まる，～を集める	0424
452	☐ **go against ～**	～に反する，～に背く	0436
453	☐ **go ahead**	（命令文で）どうぞ	0446
454	☐ **go off**	去る，（電灯などが）消える	0435
455	☐ **hand *A* to *B***	B に A を渡す	0439
456	☐ **hang out**	うろつく	0402
457	☐ **hold back ～**	～を制止する，（真相など）を隠す	0442
458	☐ **hold up ～**	～を持ち上げる，～を支える，持ちこたえる	0434
459	☐ **in detail**	詳細に	0494
460	☐ **in itself**	それ自体では，本来は	0486
461	☐ **in practice**	実際には	0489
462	☐ **in return (for ～)**	（～の）お返しに	0484
463	☐ **in total**	全部で	0483
464	☐ **invite *A* to *B***	A を B に招待する	0403
465	☐ **know of ～**	～について知っている	0419
466	☐ **leave *A* (up) to *B***	A を B に任せる，A を B に残す	0408
467	☐ **look over ～**	～を（ざっと）調べる	0456

468	▢ **major in ～**	～を専攻する	0401
469	▢ **not to mention ～**	～は言うまでもなく	0492
470	▢ **on foot**	徒歩で	0493
471	▢ **on purpose**	わざと，故意に	0497
472	▢ **on sale**	販売されて	0480
473	▢ **on the whole**	概して，全体的には	0488
474	▢ **on[in] behalf of ～**	～のために，～を代表して	0491
475	▢ **pass on ～**	（物・情報など）を次に回す，～を伝える	0441
476	▢ **pay off ～**	～を完済する	0409
477	▢ **put out ～**	（火・明かりなど）を消す	0431
478	▢ **put together ～**	（部品など）を組み立てる，（考えなど）をまとめる	0450
479	▢ **quite a few ～**	かなりの数の～	0479
480	▢ **reach for ～**	～を取ろうと手を伸ばす	0410
481	▢ **refrain from ～**	～を慎む	0415
482	▢ **rest on[upon] ～**	～に頼る，～次第である	0417
483	▢ **separate *A* from *B***	B から A を分離する	0421
484	▢ **set aside ～**	～を取っておく，～をわきに置く，～を蓄える	0437

485	▢	**settle in ～**	～に定住する	0425
486	▢	**sign up (for ～)**	（署名して）（～に）加わる，（受講などの）届け出をする	0451
487	▢	**spend (time) (in) *doing***	～して（時間・期間）を過ごす	0430
488	▢	**stick with ～**	～を最後までやり抜く	0433
489	▢	**sum up (～)**	（～を）要約する，（～を）合計する	0445
490	▢	**take down ～**	～を書き留める，（建物など）を取り壊す	0443
491	▢	**that is (to say)**	つまり，すなわち	0482
492	▢	**～ to go**	あと～，残りの～	0477
493	▢	**transform *A* into[to] *B***	A を B に変質させる［変える］	0414
494	▢	**turn down ～**	～を拒絶する，～を却下する	0407
495	▢	**turn in ～**	～を提出する	0458
496	▢	**use up ～**	～を使い果たす	0405
497	▢	**walk through ～**	～を通って歩く	0422
498	▢	**wipe out ～**	～を一掃する，～を全滅させる	0413
499	▢	**with respect to ～**	～に関して	0500
500	▢	**with[in] regard to ～**	～に関して	0498

PART 2 SECTION 2

501	▢	a bunch of ～	たくさんの～，多量の～	0569
502	▢	all at once	突然	0582
503	▢	all the same	それでもやはり	0573
504	▢	anything but ～	全然～ではない，～どころではない	0570
505	▢	as usual	いつものように	0590
506	▢	associate *A* with *B*	AをBと結び付けて考える	0534
507	▢	at a loss	途方に暮れて，困って，損をして	0592
508	▢	attach *A* to *B*	AをBに取りつける［付与する］	0553
509	▢	be composed of ～	～から構成されている	0562
510	▢	be dependent on[upon] ～	～に依存している	0557
511	▢	be engaged in ～	～に従事している，忙しく～している	0556
512	▢	be equivalent to ～	～に等しい	0564
513	▢	be impressed by ～	～に感銘を受ける	0565
514	▢	be independent of ～	～から独立している	0567
515	▢	be opposed to ～	～に反対である	0559
516	▢	be popular with[among] ～	～に人気がある	0566

517	☐	**be proud of ～**	～を誇りにしている	0561
518	☐	**be ready for ～**	～の用意ができている	0560
519	☐	**be subject to ～**	～を受けやすい，～に服従している	0558
520	☐	**be surrounded by[with] ～**	～に囲まれている	0563
521	☐	**break into ～**	～に侵入する	0504
522	☐	**by means of ～**	～によって，～を用いて	0600
523	☐	**by nature**	元来，生まれつき	0595
524	☐	**call off ～**	～を中止する，～を取り消す	0545
525	☐	**check in**	宿泊［搭乗］手続きをする，チェックインする	0525
526	☐	**come about**	起こる	0548
527	☐	**compare *A* to[with] *B***	AをBと比較する，AをBにたとえる	0552
528	☐	**cut in**	（人・車が）割り込む	0539
529	☐	**deprive *A* of *B***	AからBを奪う	0523
530	☐	**discourage *A* from *B***	A（人）にBを思いとどまらせる	0518
531	☐	**(every) now and then**	ときどき	0594
532	☐	**(every) once in a while**	ときどき，時折	0581
533	☐	**embark on[upon] ～**	（事業・計画など）に乗り出す，～を始める	0506

534	▢	**fall apart**	ばらばらになる	0515
535	▢	**fall in love with ～**	～と恋に落ちる，～が大好きになる	0507
536	▢	**fill up ～**	～を塞ぐ，～を満タンにする	0543
537	▢	**first of all**	まず第一に	0574
538	▢	**for fear (that) ～**	～しないように	0598
539	▢	**for short**	略して	0587
540	▢	**from scratch**	最初から	0593
541	▢	**from time to time**	ときどき，時折	0584
542	▢	**get away from ～**	～から逃れる	0524
543	▢	**get over ～**	（病気など）から回復する，～を克服する	0505
544	▢	**get through (～)**	～を通り抜ける	0528
545	▢	**give away ～**	～をただでやる，～を配る，（秘密など）を漏らす	0503
546	▢	**give in (to ～)**	（～に）屈服する	0514
547	▢	**give up on ～**	～に見切りをつける	0537
548	▢	**give way (to ～)**	（～に）屈する，（～に）道を譲る	0512
549	▢	**given (that) *S*+*V***	S が～であることを考慮すれば，S が～なので	0599
550	▢	**hand down ～**	～を子孫［後世］に伝える	0550

551	▢	**hand out ～**	～を配布する	0541
552	▢	**hand over ～**	～を引き渡す，～を手渡す	0529
553	▢	**hang around**	ぶらつく，付き合う	0540
554	▢	**hardly ever ～**	めったに～ない	0571
555	▢	**have *A* in common (with *B*)**	（B と）共通に A を持っている	0554
556	▢	**have a look (at ～)**	（～を）見る	0521
557	▢	**in a hurry**	急いで，あせって	0578
558	▢	**in a sense**	ある意味では，ある程度は	0577
559	▢	**in any case**	とにかく，いずれにしても	0591
560	▢	**in sight**	見えて，視界に入って	0585
561	▢	**in the beginning**	最初の頃は	0576
562	▢	**in theory**	理論上は	0575
563	▢	**inform *A* of[about] *B***	A に B を知らせる	0501
564	▢	**(just) around the corner**	（距離・時間的に）すぐ近くに	0572
565	▢	**laugh at ～**	～を笑う	0502
566	▢	**lay out ～**	～を設計する，～を並べる	0522
567	▢	**leave ～ alone**	～をそのままにしておく，～に干渉しない	0551

568	▢ **live up to ～**	（期待など）に応える，～に恥じない行動をする，（義務など）を果たす	0516
569	▢ **look down on[upon] ～**	～を軽べつする	0530
570	▢ **look up to ～**	～を尊敬する	0555
571	▢ **move on to ～**	～に移る，～に進む	0509
572	▢ **nothing more than ～**	～に過ぎない，～でしかない	0579
573	▢ **on board ～**	（乗り物）に乗って	0580
574	▢ **one by one**	1つずつ	0588
575	▢ **per capita**	1人当たりの［で］	0568
576	▢ **persist in ～**	～に固執する，～を主張する	0544
577	▢ **remember to *do***	忘れずに～する	0511
578	▢ **replace *A* with[by] *B***	AをBと取り替える	0533
579	▢ **resort to ～**	（手段など）に訴える，～に頼る	0531
580	▢ **rule out ～**	（可能性など）を排除する，～を認めない	0535
581	▢ **set off (～)**	出発する，～を引き起こす	0532
582	▢ **show off (～)**	（～を）見せびらかす	0519
583	▢ **shut down**	閉鎖される	0542
584	▢ **sit up late**	夜遅くまで起きている	0536

585	▢	**so much for ～**	～はこれくらいにして	0583
586	▢	**some ～, others ...**	～もいれば，…もいる	0596
587	▢	**stand by**	待機する，傍観する	0513
588	▢	**substitute (*A*) for *B***	B の代わりに（A を）使う	0527
589	▢	**take (a) hold (of ～)**	（～を）つかむ，（～を）捕まえる	0549
590	▢	**take a break**	一休みする	0510
591	▢	**take a risk[risks]**	（あえて）危険を冒す	0520
592	▢	**take control of ～**	～を支配［管理・制御］する	0547
593	▢	**thank ～ for ...**	～に…を感謝する	0508
594	▢	**the other way around[round]**	あべこべに，逆に	0586
595	▢	**this[that] is because ～**	なぜなら～	0597
596	▢	**to begin with**	最初に	0589
597	▢	**translate *A* into *B***	A を B に翻訳する	0517
598	▢	**try out ～**	～を試験する，～を試す	0546
599	▢	**turn over (～)**	（～を）めくる，（～を）ひっくり返す，ひっくり返る	0538
600	▢	**wear out (～)**	～をすり減らす［疲れ果てさせる］，すり減る	0526

PART 2 SECTION 3

601	▢	**abound in[with] ～**	（場所が）～に富む	0601
602	▢	**after a while**	しばらくたって	0692
603	▢	**amount to ～**	総計～になる	0607
604	▢	**apologize (to *A*) for *B***	B のことで（A（人）に）謝る	0602
605	▢	**as a matter of fact**	実際は，実を言うと	0693
606	▢	**as follows**	次のとおり	0675
607	▢	**aside from ～**	～を除いては，～のほかに	0699
608	▢	**at large**	（名詞の後に置いて）全体としての，一般の	0664
609	▢	**at random**	手当たり次第に，無作為に	0671
610	▢	**at will**	思いのままに，随意に	0687
611	▢	**attribute *A* to *B***	A を B のせいにする	0650
612	▢	**be beneficial to ～**	～に有益な	0661
613	▢	**be busy *doing*[with ～]**	～するのに［で］忙しい	0658
614	▢	**be equipped with ～**	～を備えている	0660
615	▢	**be inclined to *do***	～する傾向がある，～したい気がする	0659
616	▢	**be located in ～**	～に位置している	0657

617	▢	**be tired of ～**	～に飽きる，～にうんざりしている	0662
618	▢	**be to blame (for ～)**	（～に対して）責任を負うべきである［責任がある］	0663
619	▢	**by all means**	（返事として）ぜひとも，必ず	0689
620	▢	**by no means**	全然～ない	0669
621	▢	**charge *A* for *B***	A に B を請求する	0649
622	▢	**combine *A* with *B***	A と B を混ぜ合わせる	0648
623	▢	**come by ～**	～を手に入れる	0606
624	▢	**come of age**	（法律的に）成人に達する	0632
625	▢	**connect *A* to *B***	A を B に接続する	0611
626	▢	**cover up ～**	～を隠す，～を取り繕う	0638
627	▢	**dare to *do***	思い切って～する	0640
628	▢	**devote *A* to *B***	B に A をささげる	0647
629	▢	**distinguish *A* from *B***	A を B と区別する	0623
630	▢	**do harm to ～**	～に損害を与える	0614
631	▢	**do without (～)**	（～）なしですます	0615
632	▢	**exchange *A* for *B***	A を B と交換する	0624
633	▢	**fall short of ～**	～に達しない	0628

634	☐	**feel free to *do***	自由に～する	0653
635	☐	**feel sorry for ～**	～を気の毒に思う，～に同情する	0608
636	☐	**for fear of ～**	～を恐れて	0700
637	☐	**for fun**	楽しみのために	0670
638	☐	**for the benefit of ～**	～の利益のために	0694
639	☐	**forget *doing***	～したことを忘れる	0627
640	☐	**from now on**	これからは（ずっと）	0685
641	☐	**get in touch (with ～)**	（～と）連絡を取る	0641
642	☐	**give ～ a try**	～を試してみる	0637
643	☐	**go along with ～**	～に賛成する	0603
644	☐	**go so[as] far as to *do***	～しさえする	0629
645	☐	**hang up (～)**	電話を切る，～を中断する，（壁などに）～を掛ける	0605
646	☐	**have little to do with ～**	～とほとんど関係がない	0630
647	☐	**hit on[upon] ～**	～を思いつく，～に出くわす	0643
648	☐	**if any**	もしあれば，もしあるとしても	0676
649	☐	**if possible**	可能であれば	0673
650	☐	**in a row**	連続して	0682

651	▢ **in case of ～**	～の場合には	0698
652	▢ **in conclusion**	最後に	0691
653	▢ **in danger (of ～)**	危険で,（～の）危険があって	0667
654	▢ **in harmony with ～**	～と調和［一致］して	0683
655	▢ **in most cases**	ほとんどの場合	0668
656	▢ **in *one's* opinion**	（人の）意見では	0681
657	▢ **in preparation for ～**	～に備えて	0690
658	▢ **in private**	内緒で	0679
659	▢ **in the meantime [meanwhile]**	その間に（も),一方（話変わって）	0686
660	▢ **in vain**	無駄に	0695
661	▢ **leave behind ～**	～を置き忘れる	0644
662	▢ **leave out ～**	～を省く	0625
663	▢ **let ～ down**	～を失望させる	0656
664	▢ **lie down**	横になる	0619
665	▢ **long for ～**	～を切望する	0655
666	▢ **look away**	目をそらす	0609
667	▢ **might (just) as well *do***	（気は進まないがどうせなら）～するほうがいい,～してもよい	0680

668	▢ **on a diet**	ダイエット中で	0677
669	▢ **on the edge**	瀬戸際で	0672
670	▢ **out of control**	制御できなくて	0666
671	▢ **pass by (～)**	（～の）そばを通る	0639
672	▢ **pay back ～**	～に借りた金を返す	0616
673	▢ **pick out ～**	～を選ぶ	0633
674	▢ **put aside ～**	～を取っておく，～をわきに置く，～を蓄える	0631
675	▢ **regard *A* as *B***	A を B と見なす	0612
676	▢ **rob *A* of *B***	（暴力・脅迫などで）A から B を奪う	0652
677	▢ **run over ～**	（車が）～をひく	0604
678	▢ **save *A* from *B***	A を B から救う	0613
679	▢ **settle down**	落ち着く，定住する	0645
680	▢ **show ～ around ...**	～に…を案内する	0636
681	▢ **side by side**	（横に）並んで	0688
682	▢ **single out ～**	～を選び出す	0610
683	▢ **sit up**	起き上がる，（寝ないで）起きている	0620
684	▢ **sort out ～**	～を整理［整頓］する，～を解決［処理］する	0622

685	▢	**speaking of[about] ～**	～と言えば	0697
686	▢	**stop by (～)**	（～に）途中で立ち寄る	0634
687	▢	**supply *A* with *B***	AにBを供給する	0651
688	▢	**suspicious of ～**	～を疑って	0635
689	▢	**take ～ into account**	～を考慮に入れる	0646
690	▢	**take a seat**	着席する	0654
691	▢	**take account of ～**	～を考慮に入れる	0617
692	▢	**take turns**	交替する	0618
693	▢	**that's[this is] how ～**	その［この］ようにして～	0684
694	▢	**to be sure**	確かに	0674
695	▢	**to the contrary**	それと反対の［に］	0678
696	▢	**turn around**	回転する，意見を変える	0621
697	▢	**upside down**	逆さまに，ひっくり返って	0696
698	▢	**what is called**	いわゆる	0665
699	▢	**wind up (～)**	終わる，～を終わりにする	0642
700	▢	**work through ～**	～を乗り越える	0626

PART 3 SECTION 1

701	▢	**accuse *A* of *B***	B のことで A を非難する	0732
702	▢	**across from ～**	～の向こう側に	0800
703	▢	**adapt *A* to[for] *B***	A を B に適合［適応］させる	0745
704	▢	**all of a sudden**	突然に，不意に	0773
705	▢	**as is (often) the case (with ～)**	（～に関して）よくあることだが	0798
706	▢	**at (*one's*) ease**	くつろいで	0770
707	▢	**at a distance**	ある距離を置いて	0776
708	▢	**at any cost[all costs]**	ぜひとも，どんな犠牲を払っても，何としても	0781
709	▢	**at first sight**	一見したところでは，ひと目で［の］	0778
710	▢	**be absent from ～**	～を欠席する	0763
711	▢	**be absorbed in ～**	～に熱中している	0757
712	▢	**be accustomed to ～**	～に慣れている	0760
713	▢	**be curious about ～**	～を知りたがる，～に好奇心の強い	0764
714	▢	**be familiar to ～**	（人）によく知られている	0755
715	▢	**be grateful (to *A*) for *B***	B のことで（A に）感謝している	0756
716	▢	**be indifferent to[toward(s)] ～**	～に無関心［平気］である	0753

717	☐	**be indispensable for[to] ～**	～にとって不可欠である，～になくてはならない	0758
718	☐	**be inferior to ～**	～より劣っている	0761
719	☐	**be keen to *do***	～することを切望している	0752
720	☐	**be satisfied with ～**	～に満足している	0759
721	☐	**be serious about ～**	～に真面目である	0762
722	☐	**be suitable for ～**	～に適している，（目的など）に合っている	0751
723	☐	**be sure of[about] ～**	～を確信している	0754
724	☐	**be used to *doing***	～することに慣れている	0750
725	☐	**before long**	間もなく	0769
726	☐	**behind schedule**	予定より遅れて	0783
727	☐	**blow up (～)**	爆発する，かっとなる，～を爆破する	0736
728	☐	**burst into ～**	急に～しだす，突然～に入る	0706
729	☐	**by and large**	概して	0793
730	☐	**by mistake**	間違って	0771
731	☐	**connect *A* with *B***	AをBと関連付ける	0722
732	☐	**day off**	休日	0795
733	☐	**dispose of ～**	～を処分する，～を平らげる	0733

734	▢	**divide *A* into *B***	AをBに分ける	0746
735	▢	**do away with ～**	～を廃止する，～を取り除く	0727
736	▢	**donate *A* to *B***	BにAを寄付する	0709
737	▢	**drop off ～**	～を（車などから）降ろす	0710
738	▢	**eat up ～**	～を使い果たす	0725
739	▢	**fade away**	徐々に消えていく，薄れる	0719
740	▢	**fall back on ～**	～に頼る	0737
741	▢	**for ages**	久しく，長い間	0784
742	▢	**for the time being**	さしあたり，当分の間（は）	0768
743	▢	**generally speaking**	一般的に言えば	0794
744	▢	**give ～ a ride**	～を乗せてあげる	0713
745	▢	**give a speech**	スピーチ［演説］をする	0739
746	▢	**give off ～**	（光・音・においなど）を発する	0724
747	▢	**go bankrupt**	破産する	0712
748	▢	**go too far**	遠くに行き過ぎる，度を超す	0738
749	▢	**hang on**	しがみつく	0717
750	▢	**have ～ in mind**	～を考えている	0743

751	☐	**have difficulty in ～**	～に苦労する	0740
752	☐	**have something to do with ～**	～と関係がある	0718
753	☐	**have trouble with ～**	～に問題がある，～で苦労する	0741
754	☐	**here and there**	あちこちに［で］	0789
755	☐	**in the distance**	遠方に，遠くで	0774
756	☐	**inside out**	裏返して，ひっくり返して	0775
757	☐	**(just) for once**	今度だけは	0786
758	☐	**keep *A* from *B***	A に B をさせない，A を B から守る［防ぐ］	0708
759	☐	**know better (than to *do*)**	（～するほど）ばかなことはしない，（～しないだけの）分別がある	0720
760	☐	**lest *S*+*V***	S が～しないように，S が～するといけないから	0797
761	☐	**let go (of ～)**	（～を）手放す，（～を）捨てる	0702
762	☐	**look back on[upon / to / at] ～**	～を回顧［追想］する	0715
763	☐	**lose (*one's*) face**	面目を失う	0716
764	☐	**lose *one's* temper**	激怒する，かっとなる	0735
765	☐	**make a decision**	決断する，決意する	0742
766	☐	**make an effort(s)**	努力する	0749
767	☐	**make progress**	進歩する	0726

768	☐	**mistake *A* for *B***	AをBと間違える	0707
769	☐	**more ～ than *S* expected**	Sの予想以上に～	0788
770	☐	**never fail to *do***	必ず～する	0728
771	☐	**on account of ～**	(理由を表して) ～のために	0799
772	☐	**on and on**	長々と, 延々と	0791
773	☐	**on business**	仕事で	0792
774	☐	**on demand**	要求があり次第	0782
775	☐	**once (and) for all**	きっぱりと, これを最後に	0785
776	☐	**one after another**	次々に	0780
777	☐	**out of date**	時代遅れで	0772
778	☐	**out of the question**	不可能で, あり得ない	0766
779	☐	**owe *A* to *B***	AをBに借りている, A (恩・義務など) をBに負っている	0744
780	☐	**part with ～**	(物) を (しぶしぶ) 手放す	0729
781	☐	**pave the way to[for] ～**	～への道を開く, ～への準備をする	0721
782	☐	**prohibit ～ from *doing***	～が…するのを禁止する [妨げる]	0748
783	☐	**push *A* into *B***	AをBに押し込む, AをBに駆り立てる	0747
784	☐	**put an end to ～**	～を終わらせる, ～をやめさせる	0704

785	▢ **put away ～**	～を片づける，～をしまう	0714
786	▢ **register for ～**	～に登録する	0730
787	▢ **shake hands (with ～)**	（～と）握手する	0731
788	▢ **sit back**	深く座る，傍観する	0711
789	▢ **stay away from ～**	～を控える	0705
790	▢ **stick out**	突き出る，目立つ	0734
791	▢ **take after ～**	～に似ている	0703
792	▢ **there is no doubt that ～**	～ということは疑いない	0796
793	▢ **to *one's* surprise**	～が驚いたことに	0779
794	▢ **to tell (you) the truth**	実を言えば	0777
795	▢ **try on ～**	～を試着する	0701
796	▢ **under way**	（計画などが）進行中で	0765
797	▢ **up to date**	最新（式）の	0787
798	▢ **what we call ～**	いわゆる～	0767
799	▢ **with care**	注意して	0790
800	▢ **would love to *do***	ぜひ～したい	0723

PART 3 SECTION 2

No.		Phrase	Meaning	Ref
801	▢	**against *one's* will**	自分の意に反して	0894
802	▢	**as a (general) rule**	ふつう（は），概して	0886
803	▢	**at any rate**	とにかく，いずれにしても	0884
804	▢	**back off**	後退する，引き下がる，手を引く	0831
805	▢	**ban ～ from *doing***	～に…するのを禁止する	0857
806	▢	**be anxious about ～**	～を心配している	0868
807	▢	**be anxious to *do***	～したがる	0840
808	▢	**be ashamed of ～**	～を恥ずかしく思っている	0869
809	▢	**be bad[poor] at ～**	～が苦手［不得手・下手］である	0870
810	▢	**be connected with ～**	～と関係がある，～とつながりがある	0866
811	▢	**be conscious of ～**	～を気にしている	0862
812	▢	**be crowded with ～**	～で混雑している	0839
813	▢	**be dedicated to ～**	（仕事・目的など）に打ち込んでいる，～に夢中である	0863
814	▢	**be fed up with ～**	～にうんざりしている	0841
815	▢	**be hard on ～**	（人）につらく当たる	0865
816	▢	**be ignorant of ～**	～を知らない	0867

817	▢ **be obsessed with ～**	～にとりつかれている	0838
818	▢ **be of no use**	役に立たない，使いものにならない	0872
819	▢ **be sick of ～**	～に嫌気がさしている	0871
820	▢ **be worthy of ～**	～に値する，～にふさわしい	0864
821	▢ **bet on ～**	～に賭ける	0842
822	▢ **bound for ～**	～行きの	0877
823	▢ **burn out (～)**	（エネルギー［精力・活力］）を使い果たす，燃え尽きる	0858
824	▢ **call back (～)**	～を呼び戻す，（～に）折り返し電話する，（後で）（～に）電話をかけ直す	0837
825	▢ **cannot help *doing***	～せざるを得ない，～せずにはいられない	0854
826	▢ **catch up on ～**	～の遅れを取り戻す	0808
827	▢ **change *A* into *B***	A を B に変える	0852
828	▢ **cheer up (～)**	～を元気づける，元気づく，～を応援する	0859
829	▢ **consist in ～**	～にある	0817
830	▢ **convert *A* into *B***	A を B に変える	0853
831	▢ **convince ～ to *do***	～に…するよう説得する	0815
832	▢ **correspond with ～**	～に一致する	0809
833	▢ **count for ～**	～の価値［重要性］を持つ	0824

834	▢	**deal in ～**	（商品）を商う，（仕事など）に従事する	0818
835	▢	**dedicate *A* to *B***	A を B に捧げる	0830
836	▢	**find *one's* way to ～**	～へたどり着く，～まで道を探しながら進む	0844
837	▢	**for lack[want] of ～**	～がないために，～の不足のために	0899
838	▢	**for nothing**	無料で	0885
839	▢	**get down to ～**	（仕事・問題など）に本気で取り掛かる	0804
840	▢	**give a presentation**	講演［実演・（口頭）発表］をする	0820
841	▢	**grant *A* to *B***	B に A を授与する	0829
842	▢	**hand in hand**	手を取り合って	0878
843	▢	**hang on to[onto] ～**	～を手放さずにいる	0832
844	▢	**hold *one's* breath**	息を止める，（通例否定文で）（期待して）息をひそめる	0834
845	▢	**How come (～)?**	どうして（～）？	0891
846	▢	**identify *A* with *B***	A を B と同一だと考える	0816
847	▢	**in honor of ～**	～に敬意を表して，～のために	0900
848	▢	**in use**	使用中で	0876
849	▢	**(It is) No wonder (that) ～.**	～なのは当然だ。	0898
850	▢	**keep[stay] in touch with ～**	～と連絡を取り合う	0846

851	☐	**kick off ～**	～を開始する	0827
852	☐	**lay off ～**	～を一時解雇する	0835
853	☐	**little by little**	少しずつ	0892
854	☐	**look on[upon] *A* as *B***	A を B と見なす	0856
855	☐	**lose *one's* way**	道に迷う	0843
856	☐	**make (a) noise**	音を立てる，騒ぐ	0861
857	☐	**make a difference**	違いが生じる，重要である	0825
858	☐	**make a mistake**	間違いをする	0805
859	☐	**make fun of ～**	～をからかう	0807
860	☐	**make sense of ～**	～の意味を理解する	0826
861	☐	**never ～ without ...**	～すれば必ず…する	0882
862	☐	**not so much *A* as *B***	A というより B	0890
863	☐	**of importance**	重要な，重要性のある	0875
864	☐	**on (the) condition (that) ～**	～という条件で，～ならば	0887
865	☐	**on second thought(s)**	よく考えてみると	0895
866	☐	**on (the) air**	放送中の	0874
867	☐	**once upon a time**	昔々	0893

868	▢	**out of breath**	息切れして	0888
869	▢	**out of order**	故障して, 順序が狂って	0881
870	▢	**pass away**	死ぬ	0810
871	▢	**punish *A* for *B***	B のことで A を罰する	0855
872	▢	**see off ～**	（人）を見送る	0813
873	▢	**send for ～**	（人）を呼びにやる,（物）を取りにやる	0822
874	▢	**send in ～**	～を提出する	0823
875	▢	**set about ～**	～を始める	0833
876	▢	**slip out**	そっと抜け出す, つい口をついて出る	0848
877	▢	**so to speak[say]**	いわば	0873
878	▢	**sooner or later**	遅かれ早かれ, そのうち	0879
879	▢	**speak ill[badly / evil] of ～**	～を悪く言う	0828
880	▢	**split up**	割れる, 分かれる	0849
881	▢	**start up ～**	～を立ち上げる	0860
882	▢	**stick around[about]**	（帰らずに）そこらで待つ	0836
883	▢	**stir up ～**	～を引き起こす	0811
884	▢	**submit to ～**	～に屈する, ～に服従する	0812

885	▢ **surrender to ～**	～に屈する	0801
886	▢ **take a nap**	昼寝をする	0821
887	▢ **take a trip**	旅行する	0819
888	▢ **take it easy**	のんびりと構える	0806
889	▢ **take *one's* time**	時間をかけてゆっくりやる，自分のペースでやる	0845
890	▢ **tell *A* from *B***	AをBと区別する	0814
891	▢ **that's[this is] why ～**	それ［これ］は～の理由だ	0897
892	▢ **the pros and cons**	賛否両論	0896
893	▢ **think highly[much] of ～**	～を尊敬［尊重］する，～を高く評価する	0847
894	▢ **under construction**	建築中で，工事中で	0889
895	▢ **watch out (for ～)**	（～に）気をつける	0803
896	▢ **what is more**	さらに，それに	0880
897	▢ **without fail**	必ず，間違いなく	0883
898	▢ **wrap up ～**	～を無事に終える	0850
899	▢ **write back**	返事を書く	0802
900	▢ **yield to ～**	～に屈する，～に道を譲る	0851

PART 3　SECTION 3

901	▢ **all along**	最初からずっと	0985
902	▢ **arrange for ～**	～を手配する	0939
903	▢ **as[so] far as ～ be concerned**	～に関する限り	0993
904	▢ **at[on] short notice**	急に，即座に	0992
905	▢ **be abundant in ～**	～が豊富である	0950
906	▢ **be all ears**	一心に耳を傾けている	0957
907	▢ **be apt to *do***	～しがちである	0948
908	▢ **be bored with ～**	～に飽きている	0952
909	▢ **be confident of ～**	～に自信がある，～を確信している	0960
910	▢ **be considerate of[to] ～**	～に対して思いやりのある	0954
911	▢ **be convinced of ～**	～（ということ）を確信している	0949
912	▢ **be crazy about ～**	～に夢中になっている	0958
913	▢ **be disappointed with ～**	～に失望する	0961
914	▢ **be in contact with ～**	～と連絡を取っている	0953
915	▢ **be in full bloom**	満開である	0962
916	▢ **be on the verge of ～**	～に瀕している	0963

917	▢	**be peculiar to ～**	～に特有である	0955
918	▢	**be preoccupied with ～**	～に気を取られている	0959
919	▢	**be scared of ～**	～が怖い	0956
920	▢	**be short of ～**	～が不足している	0951
921	▢	**believe it or not**	まさかと思うような話だが	0973
922	▢	**beyond description**	言葉では表現できないほどの［に］	0964
923	▢	**brush up (on) ～**	（語学など）をやり直して磨きをかける	0902
924	▢	**by any chance**	（通例疑問文で）もしかして	0986
925	▢	**cannot ～ too ...**	いくら～しても…しすぎることはない	0968
926	▢	**come down with ～**	（病気）にかかる	0914
927	▢	**do ～ a favor**	～のために役立つ	0920
928	▢	**fade out**	次第に小さく［暗く］なる	0943
929	▢	**hang in there**	持ちこたえる	0944
930	▢	**have a lot in common with ～**	～と共通点が多い	0926
931	▢	**have no (other) choice but to *do***	～するよりほかに仕方がない	0927
932	▢	**have second thought(s)**	別の考えを持つ	0911
933	▢	**having said that**	そうは言ったものの	1000

934	▢	**help *oneself* to ～**	～を自由に取る	0947
935	▢	**if it were not for ～**	もし～がなければ	0997
936	▢	**in a rush**	大急ぎで	0974
937	▢	**in a word**	要するに，つまり	0983
938	▢	**in brief**	手短に	0995
939	▢	**in the short run**	短期的に見れば	0990
940	▢	**It goes without saying that ～.**	～なのは言うまでもない。	0994
941	▢	**It is (about[high]) time (that) ～.**	（ほぼ［とっくに］）～してよいころである。	0931
942	▢	**It is no use *doing*.**	～しても無駄である。	0932
943	▢	**judging[to judge] from [by] ～**	～から判断すると	0971
944	▢	**keep away from ～**	～に近づかない	0928
945	▢	**keep *one's* word [promise]**	約束を守る	0921
946	▢	**keep up with ～**	～に遅れずについていく	0912
947	▢	**keep[bear] ～ in mind**	～を心にとどめておく，～を忘れない	0937
948	▢	**kill time**	時間をつぶす	0915
949	▢	**lack for ～**	～が欠乏する	0945
950	▢	**learn ～ by heart**	～を暗記する	0938

951	☐ **load *A* with *B***	A に B を積む	0940
952	☐ **make a profit**	利益を得る	0929
953	☐ **make friends with ～**	～と親しくなる	0930
954	☐ **make it to ～**	～に間に合う，～に出席する	0923
955	☐ **make *one's* way to ～**	～へ進む，～へ向かう	0922
956	☐ **make room for ～**	～のためのスペースを空ける	0933
957	☐ **make the best of ～**	（不利な状況で）～を最大限に利用する	0934
958	☐ **make up for ～**	～の埋め合わせをする	0913
959	☐ **make up *one's* mind**	決心する	0924
960	☐ **name *A* after *B***	A を B にちなんで名づける	0907
961	☐ **needless to say**	言うまでもなく	0972
962	☐ **no less *A* than *B***	B に劣らないほど A で，B と同じ程度に A で	0969
963	☐ **no sooner *A* than *B***	A するやいなや B する	0979
964	☐ **none of *one's* business**	それは～の知ったことではない	0989
965	☐ **not less than ～**	少なくとも～	0980
966	☐ **nothing less than ～**	～にほかならない	0966
967	☐ **on duty**	当番で，勤務時間中で	0975

968	☐	**on schedule**	予定どおりで, 定時に	0982
969	☐	**on the increase**	増加中で	0987
970	☐	**out of hand**	手に負えない	0967
971	☐	**out of stock**	品切れ	0965
972	☐	**out of use**	使われなくなって	0977
973	☐	**pass down ～**	～を（後世に）伝える	0935
974	☐	**pass out**	気絶する, 酔いつぶれる	0903
975	☐	**pull over ～**	（車など）をわきに寄せる	0936
976	☐	**put ～ back**	～を元通りにする	0908
977	☐	**reach out for ～**	～を取ろうと手を伸ばす	0916
978	☐	**safe and sound**	無事に	0991
979	☐	**say hello to ～**	～によろしくと言う	0904
980	☐	**shake off ～**	～を払拭する	0942
981	☐	**shut up (～)**	話をやめる, ～を黙らせる	0905
982	☐	**Something is wrong with ～.**	～はどこか調子がおかしい［故障している］。	0917
983	☐	**stand in for ～**	～の代理をする	0918
984	☐	**step down**	辞任する	0919

985	▢ **suspect *A* of *B***	B について A を疑う	0906
986	▢ **take a chance**	危険を冒す, 思い切ってやってみる, 賭ける	0909
987	▢ **talk ～ into *doing***	～を説得して…させる	0941
988	▢ **tear up ～**	～をずたずたに引き裂く, ～をはぎ取る, ～を分裂させる	0901
989	▢ **(The) Chances are (that) ～.**	ひょっとしたら～だろう。, たぶん～だろう。	0998
990	▢ **the former ～, the latter …**	前者は～で, 後者は…	0999
991	▢ **the instant (that) ～**	～したとたん	0996
992	▢ **there is no point in *doing***	～しても意味がない	0970
993	▢ **think over ～**	～をよく考える	0910
994	▢ **to a large[great] extent**	大部分は, 大体において	0981
995	▢ **to *one's* regret**	残念なことに	0984
996	▢ **to say nothing of ～**	～は言うまでもなく	0976
997	▢ **watch *one's* step**	足元に注意する, 慎重に行動する	0946
998	▢ **wear off**	次第になくなる	0925
999	▢ **what is worse**	さらに悪いことには	0988
1000	▢ **with pleasure**	喜んで	0978

大学入試 うんこ英熟語 1000 総復習
『日本語 ▶ 英語チェック』

本書に収録されている英熟語をセクションごとに並べています。
きちんと覚えているか確認しましょう。
英語の右の数字は各英熟語の番号を示しています。

PART 1 SECTION 1

1	□	少しの〜, 少量の〜	a few 〜	0048
2	□	いくつもの〜, かなり多くの〜	a number of 〜	0051
3	□	（同一種類のもので）さまざまな〜, いろいろな〜	a variety of 〜	0052
4	□	〜によれば	according to 〜	0088
5	□	結局（は), やっぱり	after all	0072
6	□	（人・考えなど）に同意する,（気候・食物などが）〜に合う, 〜に一致［適合］する	agree with 〜	0041
7	□	（全て）独力で,（全て）自分1人で	(all) on *one's* own	0076
8	□	（〜の）至る所に［で］	all over (〜)	0099
9	□	〜と一緒に, 〜に加えて	along with 〜	0096
10	□	できる限り〜	as 〜 as possible[*one* can]	0071
11	□	結果として	as a result	0063
12	□	まるで〜のように	as if[though] 〜	0083
13	□	〜もの数［量］の, 〜と同数［量］の	as many[much] as 〜	0092

14	▢	～の時点で，～現在で	as of ～	0098
15	▢	～に関して（は）	as to ～	0100
16	▢	～もまた	as well	0054
17	▢	せいぜい，多くても	at (the) most	0069
18	▢	はじめは	at first	0074
19	▢	少なくとも	at least	0055
20	▢	仕事中で［の］，職場で	at work	0049
21	▢	A だけではなく B も	*B* as well as *A*	0079
22	▢	～に基づいている	be based on[upon] ～	0047
23	▢	～しそうである	be likely to *do*	0046
24	▢	～に関係する	be related to ～	0045
25	▢	A も B も両方	both *A* and *B*	0080
26	▢	～を実行する	carry out ～	0036
27	▢	～のそばに［で］	close to ～	0097
28	▢	（場所）の出身である，～に由来する	come from ～	0010
29	▢	（解決策など）を思いつく	come up with ～	0033
30	▢	～に貢献する，～に寄付［寄稿］する	contribute to ～	0016

31	▢	～を扱う，～を処理する	deal with ～	0024
32	▢	～しようと決心する	decide to *do*	0007
33	▢	お互い	each other	0077
34	▢	～が…するのを可能にする	enable ～ to *do*	0039
35	▢	～に…するように説得する	encourage ～ to *do*	0035
36	▢	最後には～になる	end up ～	0019
37	▢	～するのに十分な	enough to *do*	0061
38	▢	たとえ～でも	even if ～	0081
39	▢	～することに失敗する	fail to *do*	0013
40	▢	～を理解する，～を計算する，～を解く	figure out ～	0040
41	▢	～を埋める，～を書き入れる	fill in ～	0014
42	▢	(調査などの結果)を見つけ出す，(真相)を知る	find out ～	0025
43	▢	～に適合する，～に調和する	fit in ～	0044
44	▢	～に焦点を合わせる，～に集中する	focus on ～	0004
45	▢	～にもかかわらず	for all ～	0095
46	▢	例えば	for example[instance]	0066
47	▢	～から以後は	from ～ on[onward(s)]	0070

48	▢	〜に…させる	get 〜 to *do*	0031
49	▢	〜をあきらめる，〜を捨てる［やめる］	give up 〜	0023
50	▢	（時間が）過ぎる，（状況などが）続く	go on	0012
51	▢	大人になる，（事態などが）生じる	grow up	0018
52	▢	偶然〜する	happen to *do*	0027
53	▢	〜が…するのを手伝う	help 〜 (to) *do*	0009
54	▢	〜に加えて	in addition to 〜	0057
55	▢	全部で	in all	0073
56	▢	実際は	in fact	0067
57	▢	〜するために	in order[so as] to *do*	0058
58	▢	言い換えれば，つまり	in other words	0085
59	▢	〜の観点から，〜に換算して	in terms of 〜	0094
60	▢	将来は，今後は	in the future	0065
61	▢	過去に	in the past	0068
62	▢	〜の代わりに	instead of 〜	0091
63	▢	ちょっと（〜），なんとなく（〜）	kind[sort] of (〜)	0053
64	▢	〜へ通じる，〜を引き起こす	lead to 〜	0003

65	▢	～できるようになる	learn to *do*	0011
66	▢	～を探す	look for ～	0008
67	▢	～のように見える	look like ～	0020
68	▢	間に合う, うまくやる, 成功する, 出席する	make it	0021
69	▢	はるかにずっと～	much[still] more ～	0064
70	▢	もはや～ない	no longer ～	0062
71	▢	～するやいなや	on *doing*	0056
72	▢	他方では, これに反して	on the other hand	0084
73	▢	お互い	one another	0078
74	▢	長い年月をかけて	over time	0075
75	▢	～のために	owing[due] to ～	0090
76	▢	～に参加する	participate in ～	0037
77	▢	～の代金を支払う	pay for ～	0032
78	▢	～を（車などに）乗せる，～を拾う	pick up ～	0030
79	▢	～を指摘する	point out ～	0028
80	▢	～よりもむしろ	rather than ～	0089
81	▢	～を参照する，～に言及する	refer to ～	0005

82	▢	～に頼る	rely on[upon] ～	0017
83	▢	～という結果になる	result in ～	0015
84	▢	～を探す［捜す］	search for ～	0034
85	▢	～と似ている	similar to ～	0050
86	▢	（目的を表して）～が…する［できる］ように	so that ～ will[can] *do*	0086
87	▢	（結果を表して）非常に～なので…	so ～ that ...	0082
88	▢	それほど～な…	such (a[an]) ～ ...	0060
89	▢	～のような	such as ～	0087
90	▢	（病気など）に悩む，～で苦しむ	suffer from ～	0043
91	▢	起こる，催される	take place	0026
92	▢	～しがちである，～する傾向がある	tend to *do*	0002
93	▢	～のことを考える，～しようかなと思う	think of ～	0006
94	▢	…するには～すぎる	too ～ to *do*	0059
95	▢	～まで	up to ～	0093
96	▢	よく～したものだった，昔は～であった	used to *do*[be]	0001
97	▢	～を待つ	wait for ～	0042
98	▢	～で働く	work for ～	0029

99	☐	～のことで心配する	worry about ～	0022
100	☐	～したいのですが	would like to *do*	0038

PART 1　SECTION 2

101	☐	2つ［2人］の～	a couple of ～	0161
102	☐	1つ［1個・1本・1枚］の～	a piece of ～	0163
103	☐	一連の～	a[the] series of ～	0159
104	☐	～の原因となる，～の理由を説明する	account for ～	0111
105	☐	（提案・計画・条件など）を認める	agree to ～	0148
106	☐	いつも，常に	all the time	0172
107	☐	～など	and so on[forth]	0168
108	☐	～のほかに	apart from ～	0200
109	☐	～に当てはまる	apply to ～	0103
110	☐	全体として（の）	as a whole	0177
111	☐	～について言えば，～に関する限り	as for ～	0197
112	☐	～するやいなや	as soon as ～	0187
113	☐	（条件）Sが～さえすれば，（時間的限度）Sが～する限り［間］は	as[so] long as *S*+*V*	0185
114	☐	～を求める	ask for ～	0116

115	▢	～に関連している	be associated with ～	0156
116	▢	（困難・問題など）に直面している	be confronted with[by] ～	0154
117	▢	～すると予想されている	be expected to *do*	0150
118	▢	～に興味がある	be interested in ～	0157
119	▢	～することを要求される	be required to *do*	0152
120	▢	～に責任がある	be responsible for ～	0155
121	▢	～することになっている，（世間で）～と考えられている	be supposed to *do*	0153
122	▢	～することができない	be unable to *do*	0149
123	▢	～してもかまわない	be willing to *do*	0151
124	▢	～を信用する，～のよさ［存在］を信じる	believe in ～	0125
125	▢	～を引き起こす	bring about ～	0129
126	▢	～を必要とする，～を求める	call for ～	0140
127	▢	～を落ち着かせる	calm down ～	0146
128	▢	～を気にかける，～に関心を持つ	care about ～	0120
129	▢	（～に）戻る	come back (to ～)	0117
130	▢	現れる，ばれる，出版される	come out	0130
131	▢	～から成り立っている	consist of ～	0105

132	▢	～次第である，～に頼る	depend on[upon] ～	0110
133	▢	A か B のどちらか	either *A* or *B*	0188
134	▢	（接続詞的に）～するたびに	every[each] time ～	0192
135	▢	～どころではない，～にはほど遠い	far from ～	0160
136	▢	初めて	for the first time	0166
137	▢	～に…するよう強制する	force ～ to *do*	0114
138	▢	～するのを忘れる	forget to *do*	0137
139	▢	（厄介なもの）を取り除く	get rid of ～	0136
140	▢	～に入る	go into ～	0141
141	▢	ある点で，ある意味では	in a way	0184
142	▢	一般に	in general	0180
143	▢	特に	in particular	0170
144	▢	人前で，公然と	in public	0183
145	▢	～にもかかわらず	in spite of ～	0194
146	▢	ついには，結局は	in the end	0181
147	▢	～の中央に	in the middle of ～	0196
148	▢	（～の）邪魔になって	in the way (of ～)	0179

149	▢	(〜に) 間に合って	in time (for 〜)	0176
150	▢	順々に,(立ち代わって)次に(は)	in turn	0169
151	▢	〜するつもりである	intend to *do*	0122
152	▢	念のため	(just) in case	0182
153	▢	〜で暮らす, 〜を常食にする	live on 〜	0107
154	▢	〜を楽しみに待つ	look forward to 〜	0127
155	▢	なんとか〜する[やり遂げる]	manage to *do*	0106
156	▢	ますます多くの〜	more and more 〜	0158
157	▢	(否定文の直後で) まして〜ではない	much[still] less 〜	0189
158	▢	何が[どんなに・いつなど]〜でも	no matter what[how / when, etc.] 〜	0171
159	▢	必ずしも〜ではない	not always 〜	0165
160	▢	まったく〜ない	not at all	0173
161	▢	平均して	on (the[an]) average	0174
162	▢	時間どおりに[で]	on time	0178
163	▢	〜かそこら	〜 or so	0175
164	▢	(…で) (〜な) 役割を演じる[果たす]	play a (〜) role[part] (in ...)	0138
165	▢	たくさんの〜	plenty of 〜	0162

166	▢	～の準備をする，～に備える	prepare for ～	0123
167	▢	～が…しないようにする	prevent ～ from *doing*	0112
168	▢	A に B を供給する	provide *A* with *B*	0124
169	▢	もし～ならば	provided (that) ～	0191
170	▢	～を（身に）つける,(電気器具・ガスなど）をつける	put on ～	0139
171	▢	～から回復する	recover from ～	0109
172	▢	～することを断る	refuse to *do*	0108
173	▢	～に関係なく，～に（も）かかわらず	regardless of ～	0195
174	▢	～から起こる	result from ～	0128
175	▢	尽きる	run out	0144
176	▢	～するように気をつける［取り計らう］	see (to it) that ～	0101
177	▢	A を B と考える	see *A* as *B*	0113
178	▢	～のように思える	seem like ～	0132
179	▢	速度が落ちる，（～の）速度を落とす	slow down (～)	0134
180	▢	今までのところ	so far	0164
181	▢	～のように思える	sound like ～	0102
182	▢	～で始まる	start with ～	0142

183	☐	～に成功する	succeed in ～	0135
184	☐	A を B だと（誤って）思う，A を B と間違える	take *A* for *B*	0145
185	☐	～を利用する，～につけ込む	take advantage of ～	0126
186	☐	～の世話をする，～に気をつける	take care of ～	0119
187	☐	～を取り入れる，～を理解する	take in ～	0121
188	☐	～を脱ぐ，～を取り外す	take off ～	0143
189	☐	（～を）引き継ぐ，～を支配する	take over (～)	0118
190	☐	～に参加する	take part in ～	0131
191	☐	（場所・時間）を取る，～を取り上げる	take up ～	0147
192	☐	～のおかげで	thanks to ～	0193
193	☐	（接続詞的に）～するとすぐに	the moment[minute] (that) ～	0186
194	☐	近ごろは，このごろは	these days	0167
195	☐	～を捨てる	throw away ～	0133
196	☐	～と一緒に，～に加えて	together with ～	0199
197	☐	～であることがわかる，（結果的に）～になる	turn out (to be)	0104
198	☐	～のこととなると，（～する）段になると	when it comes to ～	0190
199	☐	～にもかかわらず	with all ～	0198

200	▢	（計画が）うまくいく，～を作り出す，～を解決する，～の答えを出す	work out (～)	0115

PART 1　SECTION 3

201	▢	幅広い種類の～	a wide range of ～	0265
202	▢	とりわけ，特に	above all (else)	0283
203	▢	～に意見がまとまる	agree on ～	0246
204	▢	（位置・順番で）～の先に，～より進んで，（時間的に）～より先に	ahead of ～	0293
205	▢	～を狙う，～を目指す	aim at ～	0231
206	▢	はるばる，ずっと	all the way	0276
207	▢	（仕事・許可など）を申し込む，～を志願［申請］する	apply for ～	0226
208	▢	～する限り	as far as ～	0287
209	▢	～に…するように頼む	ask ～ to *do*	0241
210	▢	一度に	at a time	0268
211	▢	すぐに	at once	0269
212	▢	現在は	at the moment	0278
213	▢	今にも～しようとしている	be about to *do*	0262
214	▢	～に気がついている，～を知っている	be aware of ～	0256
215	▢	～ができる，～の能力がある	be capable of ～	0260

216	▢	～とは違っている	be different from ～	0255
217	▢	～のため［結果］である	be due to ～	0258
218	▢	～からはほど遠い	be far from ～	0263
219	▢	～に満ちている	be full of ～	0259
220	▢	～に関係［関与］している，～に携わっている，～に熱中している	be involved in ～	0261
221	▢	～すると言われている	be said to *do*	0257
222	▢	～しそうにない	be unlikely to *do*	0264
223	▢	～に耐える	bear with ～	0222
224	▢	～の理由で	because of ～	0299
225	▢	～を思い出させる	bring back ～	0250
226	▢	～を育てる	bring up ～	0217
227	▢	～を築き上げる	build up ～	0212
228	▢	～がない［なかった］ならば	but for ～	0294
229	▢	S が～するまでに（は）	by the time *S+V*	0289
230	▢	ところで	by the way	0281
231	▢	～する余裕がある	(can) afford to *do*	0223
232	▢	～をすっかりきれいにする	clean up ～	0243

233	☐	～について不平を言う，（苦痛など）を訴える	complain of[about] ～	0214
234	☐	～に集中する	concentrate on ～	0209
235	☐	～に対処する，～をうまく処理する	cope with ～	0213
236	☐	～の（消費）量を減らす，～を切り詰める，～を短くする	cut down[back] (on) ～	0208
237	☐	～に由来する，～から出ている	derive from ～	0207
238	☐	～で死ぬ	die from[of] ～	0247
239	☐	～と異なる	differ from ～	0218
240	☐	～を除いて	except for ～	0300
241	☐	眠り込む	fall asleep	0248
242	☐	（～から）遠く離れて	far away (from ～)	0266
243	☐	長い間	for (so) long	0284
244	☐	しばらくの間	for a while	0274
245	☐	無料で	for free	0282
246	☐	確かに（は）	for sure[certain]	0272
247	☐	快方に向かう	get better	0244
248	☐	結婚する	get married	0245
249	☐	（公共の乗り物などに）乗る	get on (～)	0211

250	～から（外へ）出る	get out of ～	0238
251	起きる，起床する	get up	0210
252	～に慣れる	get used to ～	0237
253	～を卒業する	graduate from ～	0216
254	（手渡しで）～を提出する	hand in ～	0230
255	～を利用できる，～に近づける	have access to ～	0228
256	見当がつかない	have no idea	0215
257	（～に）前もって	in advance (of ～)	0279
258	共通して	in common	0270
259	～のほうを選んで，～に賛成して	in favor of ～	0295
260	～に応じて［答えて］	in response to ～	0297
261	まず第一に	in the first place	0267
262	～を妨げる，～の邪魔をする	interfere with ～	0240
263	～にある	lie in ～	0203
264	～の生活をする	live[lead] (a) ～ life	0236
265	～の世話をする	look after ～	0229
266	～を調べる	look into ～	0249

267	▢	（辞書・電話帳などで）～を調べる	look up ～	0205
268	▢	意味をなす，道理にかなう	make sense	0204
269	▢	～を受ける，～を経験する	meet with ～	0232
270	▢	多かれ少なかれ，程度の差はあれ	more or less	0277
271	▢	A でも B でもない	neither *A* nor *B*	0291
272	▢	間違いなく	no doubt	0273
273	▢	わずか～	no more than ～	0298
274	▢	今はもう～なので，～である以上	now that ～	0286
275	▢	～の基準［原則］で	on a ～ basis	0271
276	▢	（疑問詞を強めて）一体全体	on earth	0280
277	▢	～のてっぺんに［で］	on top of ～	0296
278	▢	～に注意を払う	pay[give] attention to ～	0253
279	▢	見地	point of view	0285
280	▢	～するふりをする	pretend to *do*	0225
281	▢	～を掲げる，～を上げる，～を建てる	put up ～	0234
282	▢	～したのを覚えている	remember *doing*	0239
283	▢	A に B を思い出させる	remind *A* of[about] *B*	0224

284	▢	～を使い果たす	run out of ～	0251
285	▢	～かどうかを確かめる	see if ～	0201
286	▢	（予定の場所に）現れる	show up	0219
287	▢	「～だ, その結果…だ」	～, so (that) ...	0290
288	▢	～が…するのをやめさせる	stop ～ from *doing*	0252
289	▢	～を取り除く	take away ～	0242
290	▢	～を引き受ける，～を雇う	take on ～	0202
291	▢	そのようにすれば	that way	0275
292	▢	「～であればあるほど, いっそう…である」	the＋比較級 ～, the＋比較級 ...	0292
293	▢	～しようかと考える	think about *doing*	0221
294	▢	AをBと見なす	think of *A* as *B*	0220
295	▢	AをBに（質的に）変える	turn *A* into *B*	0233
296	▢	目が覚める，（人）の目を覚まさせる	wake up (～)	0206
297	▢	～かどうか	whether ～ or not	0288
298	▢	～は役に立つ，～は用が足りる	～ will do	0254
299	▢	～を書き留める，～を記録する	write down ～	0235
300	▢	～へ手紙を書く	write to ～	0227

PART 1 SECTION 4

301	□	(A を) B に調節する［合わせる］	adjust (*A*) to *B*	0312
302	□	～を認める，～を告白する	admit to ～	0341
303	□	～も同然，ほとんど～	all but ～	0363
304	□	それにもかかわらず	and yet	0394
305	□	～も同然，ほとんど～	as good as ～	0379
306	□	そういうものとして，それ自体	as such	0373
307	□	ついに，最後に	at last	0362
308	□	～を犠牲にして	at the expense of ～	0382
309	□	ときどき	at times	0372
310	□	前後（左右）に，行ったり来たり	back and forth	0369
311	□	～に近い	be close to ～	0358
312	□	～からできている	be made from ～	0356
313	□	～でできている	be made of ～	0355
314	□	～したがらない	be reluctant to *do*	0357
315	□	～に当てはまる	be true of ～	0354
316	□	（～に）押し入る，口を挟む	break in (～)	0345

317	▢	（火事・戦争などが）起こる	break out	0338
318	▢	偶然に	by chance	0386
319	▢	対照的に	by contrast	0364
320	▢	はるかに，ずっと	by far	0392
321	▢	〜を訪問する	call on[upon] 〜	0327
322	▢	（〜を）続ける	carry on (〜)	0332
323	▢	（遅れた状態から）〜に追いつく	catch up with[to] 〜	0326
324	▢	〜に偶然出会う，〜を偶然見つける	come across 〜	0316
325	▢	〜に相当する，〜に該当する	correspond to 〜	0329
326	▢	絶滅する	die out	0347
327	▢	ちょっと立ち寄る	drop in	0311
328	▢	（〜から）脱落する，（〜を）中途退学する	drop out (of 〜)	0352
329	▢	それ以来ずっと	ever since	0398
330	▢	1つおきの［に］	every other 〜	0361
331	▢	永久に	for good	0376
332	▢	当分は，今のところは	for now	0393
333	▢	〜のために	for the sake of 〜	0375

334	▢	やっていく	get along	0306
335	▢	～とうまくやっていく	get along[on] with ～	0324
336	▢	道に迷う	get lost	0310
337	▢	（列車など）から降りる	get off ～	0344
338	▢	（時などが）たつ，通り過ぎる	go by	0301
339	▢	～を調べる，～に詳細に目を通す	go over ～	0346
340	▢	失敗する	go wrong	0328
341	▢	～すべきだ	had better *do*	0334
342	▢	～とまったく関係がない	have nothing to do with ～	0318
343	▢	～から便り［電話・伝言］がある	hear from ～	0321
344	▢	～するのをためらう	hesitate to *do*	0330
345	▢	（命令文で）待つ	hold on	0348
346	▢	～でありさえすれば	if only ～	0395
347	▢	～に直面して，～にもかかわらず	in (the) face of ～	0399
348	▢	～を預かって，～を管理して	in charge of ～	0384
349	▢	（～と）対照的に，（～と）著しく違って	in contrast (to[with] ～)	0383
350	▢	（～を）必要として	in need (of ～)	0368

351	▢	（代理人でなく）本人が，自ら	in person	0389
352	▢	～を探して［捜して］	in search of ～	0400
353	▢	つまり，短く言えば	in short	0390
354	▢	その場合には	in that case	0388
355	▢	結局は，長い目で見れば	in the long run	0385
356	▢	（～と）比較（検討）して	in[by] comparison (with ～)	0366
357	▢	～を主張する	insist on[upon] ～	0351
358	▢	～は言うまでもなく	let alone ～	0387
359	▢	（～に）気をつける	look out (for ～)	0322
360	▢	（～を）確かめる，確実に～する	make sure (～)	0320
361	▢	～を作り上げる，～を構成する	make up ～	0307
362	▢	～するのはもっともだ，～しても不思議ではない	may well *do*	0367
363	▢	～するつもりである	mean to *do*	0353
364	▢	A ではなく B	not *A* but *B*	0396
365	▢	A だけではなく B も	not only *A* but (also) *B*	0374
366	▢	ただ～だけ，～に過ぎない	nothing but ～	0370
367	▢	～に反対する	object to ～	0337

368	▢	～の心に浮かぶ	occur to ～	0342
369	▢	～することを申し出る	offer to *do*	0319
370	▢	～に向かっている途中で	on *one's*[the] way to ～	0378
371	▢	それどころか，それに反して	on the contrary	0380
372	▢	何度も繰り返し	over and over (again)	0365
373	▢	B より A を好む	prefer *A* to *B*	0314
374	▢	～より前で	prior to ～	0397
375	▢	～を延期する	put off ～	0349
376	▢	～を我慢する	put up with ～	0333
377	▢	～を熟考［反省］する	reflect on[upon] ～	0317
378	▢	直ちに，今すぐ	right away	0371
379	▢	逃げる，走り去る	run away	0304
380	▢	～に偶然出会う，～を偶然見つける	run into[across] ～	0340
381	▢	始まる	set in	0313
382	▢	A を B と共有する	share *A* with *B*	0336
383	▢	はっきり［思い切って］話す	speak out[up]	0323
384	▢	～を専門にする	specialize in ～	0303

385	▢	～を意味する，～の略字である	stand for ～	0305
386	▢	目立つ，際立つ	stand out	0335
387	▢	～をじっと見つめる	stare at ～	0308
388	▢	（寝ないで）起きている	stay up	0325
389	▢	～に起因する	stem from ～	0343
390	▢	～にくっつく，（主義・決定など）を堅持する	stick to ～	0302
391	▢	～を当然のことと思う	take ～ for granted	0350
392	▢	行動を起こす	take action	0339
393	▢	最も…しそうでない～	the last ～ to *do*	0359
394	▢	ある程度	to some[a certain] extent	0391
395	▢	適切な，要領を得た	to the point	0360
396	▢	（スイッチなど）を消す，（水・ガスなど）を止める，（明かりなどが）消える	turn off (～)	0309
397	▢	（スイッチなど）をつける，（水・ガスなど）を出す，（明かりなどが）つく	turn on (～)	0315
398	▢	現れる，起こる	turn up	0331
399	▢	行ったり来たり，上下に	up and down	0381
400	▢	（…するよりも）むしろ～したい，（…するよりは）～するほうがましだ	would[had] rather *do* (than *do*)	0377

PART 2 SECTION 1

401	☐	かなりたくさん（の～）	a great[good] deal (of ～)	0481
402	☐	たくさんの～	a large amount of ～	0478
403	☐	～に従って行動する	act on[upon] ～	0412
404	☐	合計～になる	add up to ～	0460
405	☐	～に…するよう助言する	advise ～ to *do*	0440
406	☐	～を承認する，～に賛成する	approve of ～	0457
407	☐	（車など）を後退させる，（人）を支援する	back up ～	0404
408	☐	～を恐れる［怖がる］，～を心配している	be afraid of ～	0466
409	☐	～を心配している	be concerned about [for] ～	0462
410	☐	～に関係している	be concerned with[in] ～	0472
411	☐	～することを切望している	be eager to *do*	0463
412	☐	～に等しい	be equal to ～	0474
413	☐	～には必須である	be essential for ～	0467
414	☐	（物事）をよく知っている	be familiar with ～	0471
415	☐	～がない	be free from[of] ～	0476
416	☐	（～の）危険がある	be in danger (of ～)	0470

417	▢ 困っている	be in trouble	0468
418	▢ (～と) 結婚している	be married (to ～)	0473
419	▢ ～に開放されている	be open to ～	0465
420	▢ ～より優れている	be superior to ～	0469
421	▢ 間違いなく～する	be sure to *do*	0475
422	▢ ～を心配している	be worried about ～	0461
423	▢ ～する価値がある	be worth *doing*	0464
424	▢ BをAのせいにする, BのことでAを非難する	blame *A* for *B*	0453
425	▢ わざわざ～する	bother to *do*	0447
426	▢ (～を) 解散する [させる]	break up (～)	0411
427	▢ ～に偶然出会う	bump into ～	0406
428	▢ 偶然に	by accident	0490
429	▢ 今頃は, 今はもう	by now	0487
430	▢ 気が変わる	change *one's* mind	0426
431	▢ ～を調査 [点検] する, (魅力的なので) ～を見てみる	check out ～	0454
432	▢ 一緒に来る [行く]	come along	0432
433	▢ (夢・予言などが) 実現する	come true	0455

434	▢	～の埋め合わせをする，～を補償する	compensate for ～	0448
435	▢	～に反して	contrary to ～	0499
436	▢	～を頼る，～を当てにする	count on[upon] ～	0418
437	▢	最善を尽くす	do *one's* best	0420
438	▢	ちょっと立ち寄る	drop by	0444
439	▢	外食する	eat out	0459
440	▢	A を B にさらす	expose *A* to *B*	0452
441	▢	遅れる	fall behind	0429
442	▢	落ちる，ひっくり返る	fall down	0416
443	▢	～を常食［えさ］にする	feed on ～	0428
444	▢	～したい気がする	feel like *doing*	0423
445	▢	（書類など）に書き込む	fill out ～	0449
446	▢	少しの間，一瞬	for a moment	0485
447	▢	大部分は，大体は	for the most part	0495
448	▢	～の視点から（は）	from ～ point of view	0496
449	▢	～を取り返す	get back ～	0438
450	▢	けがをする	get injured	0427

451	▢	集まる，～を集める	get together (～)	0424
452	▢	～に反する，～に背く	go against ～	0436
453	▢	（命令文で）どうぞ	go ahead	0446
454	▢	去る，（電灯などが）消える	go off	0435
455	▢	B に A を渡す	hand *A* to *B*	0439
456	▢	うろつく	hang out	0402
457	▢	～を制止する，（真相など）を隠す	hold back ～	0442
458	▢	～を持ち上げる，～を支える，持ちこたえる	hold up ～	0434
459	▢	詳細に	in detail	0494
460	▢	それ自体では，本来は	in itself	0486
461	▢	実際には	in practice	0489
462	▢	（～の）お返しに	in return (for ～)	0484
463	▢	全部で	in total	0483
464	▢	A を B に招待する	invite *A* to *B*	0403
465	▢	～について知っている	know of ～	0419
466	▢	A を B に任せる，A を B に残す	leave *A* (up) to *B*	0408
467	▢	～を（ざっと）調べる	look over ～	0456

468	☐	～を専攻する	major in ～	0401
469	☐	～は言うまでもなく	not to mention ～	0492
470	☐	徒歩で	on foot	0493
471	☐	わざと，故意に	on purpose	0497
472	☐	販売されて	on sale	0480
473	☐	概して，全体的には	on the whole	0488
474	☐	～のために，～を代表して	on[in] behalf of ～	0491
475	☐	（物・情報など）を次に回す，～を伝える	pass on ～	0441
476	☐	～を完済する	pay off ～	0409
477	☐	（火・明かりなど）を消す	put out ～	0431
478	☐	（部品など）を組み立てる，（考えなど）をまとめる	put together ～	0450
479	☐	かなりの数の～	quite a few ～	0479
480	☐	～を取ろうと手を伸ばす	reach for ～	0410
481	☐	～を慎む	refrain from ～	0415
482	☐	～に頼る，～次第である	rest on[upon] ～	0417
483	☐	B から A を分離する	separate *A* from *B*	0421
484	☐	～を取っておく，～をわきに置く，～を蓄える	set aside ～	0437

485	▢	～に定住する	settle in ～	0425
486	▢	（署名して）（～に）加わる，（受講などの）届け出をする	sign up (for ～)	0451
487	▢	～して（時間・期間）を過ごす	spend (time) (in) *doing*	0430
488	▢	～を最後までやり抜く	stick with ～	0433
489	▢	（～を）要約する，（～を）合計する	sum up (～)	0445
490	▢	～を書き留める，（建物など）を取り壊す	take down ～	0443
491	▢	つまり，すなわち	that is (to say)	0482
492	▢	あと～，残りの～	～ to go	0477
493	▢	AをBに変質させる［変える］	transform *A* into[to] *B*	0414
494	▢	～を拒絶する，～を却下する	turn down ～	0407
495	▢	～を提出する	turn in ～	0458
496	▢	～を使い果たす	use up ～	0405
497	▢	～を通って歩く	walk through ～	0422
498	▢	～を一掃する，～を全滅させる	wipe out ～	0413
499	▢	～に関して	with respect to ～	0500
500	▢	～に関して	with[in] regard to ～	0498

PART 2 SECTION 2

501	▢	たくさんの～, 多量の～	a bunch of ～	0569
502	▢	突然	all at once	0582
503	▢	それでもやはり	all the same	0573
504	▢	全然～ではない, ～どころではない	anything but ～	0570
505	▢	いつものように	as usual	0590
506	▢	A を B と結び付けて考える	associate *A* with *B*	0534
507	▢	途方に暮れて, 困って, 損をして	at a loss	0592
508	▢	A を B に取りつける［付与する］	attach *A* to *B*	0553
509	▢	～から構成されている	be composed of ～	0562
510	▢	～に依存している	be dependent on[upon] ～	0557
511	▢	～に従事している, 忙しく～している	be engaged in ～	0556
512	▢	～に等しい	be equivalent to ～	0564
513	▢	～に感銘を受ける	be impressed by ～	0565
514	▢	～から独立している	be independent of ～	0567
515	▢	～に反対である	be opposed to ～	0559
516	▢	～に人気がある	be popular with[among] ～	0566

517	▢	～を誇りにしている	be proud of ～	0561
518	▢	～の用意ができている	be ready for ～	0560
519	▢	～を受けやすい，～に服従している	be subject to ～	0558
520	▢	～に囲まれている	be surrounded by[with] ～	0563
521	▢	～に侵入する	break into ～	0504
522	▢	～によって，～を用いて	by means of ～	0600
523	▢	元来，生まれつき	by nature	0595
524	▢	～を中止する，～を取り消す	call off ～	0545
525	▢	宿泊［搭乗］手続きをする，チェックインする	check in	0525
526	▢	起こる	come about	0548
527	▢	A を B と比較する，A を B にたとえる	compare *A* to[with] *B*	0552
528	▢	（人・車が）割り込む	cut in	0539
529	▢	A から B を奪う	deprive *A* of *B*	0523
530	▢	A（人）に B を思いとどまらせる	discourage *A* from *B*	0518
531	▢	ときどき	(every) now and then	0594
532	▢	ときどき，時折	(every) once in a while	0581
533	▢	（事業・計画など）に乗り出す，～を始める	embark on[upon] ～	0506

534	▢	ばらばらになる	fall apart	0515
535	▢	～と恋に落ちる，～が大好きになる	fall in love with ～	0507
536	▢	～を塞ぐ，～を満タンにする	fill up ～	0543
537	▢	まず第一に	first of all	0574
538	▢	～しないように	for fear (that) ～	0598
539	▢	略して	for short	0587
540	▢	最初から	from scratch	0593
541	▢	ときどき，時折	from time to time	0584
542	▢	～から逃れる	get away from ～	0524
543	▢	（病気など）から回復する，～を克服する	get over ～	0505
544	▢	～を通り抜ける	get through (～)	0528
545	▢	～をただでやる，～を配る，（秘密など）を漏らす	give away ～	0503
546	▢	（～に）屈服する	give in (to ～)	0514
547	▢	～に見切りをつける	give up on ～	0537
548	▢	（～に）屈する，（～に）道を譲る	give way (to ～)	0512
549	▢	S が～であることを考慮すれば，S が～なので	given (that) *S*+*V*	0599
550	▢	～を子孫［後世］に伝える	hand down ～	0550

551	▢	～を配布する	hand out ～	0541
552	▢	～を引き渡す，～を手渡す	hand over ～	0529
553	▢	ぶらつく，付き合う	hang around	0540
554	▢	めったに～ない	hardly ever ～	0571
555	▢	（B と）共通に A を持っている	have *A* in common (with *B*)	0554
556	▢	（～を）見る	have a look (at ～)	0521
557	▢	急いで，あせって	in a hurry	0578
558	▢	ある意味では，ある程度は	in a sense	0577
559	▢	とにかく，いずれにしても	in any case	0591
560	▢	見えて，視界に入って	in sight	0585
561	▢	最初の頃は	in the beginning	0576
562	▢	理論上は	in theory	0575
563	▢	A に B を知らせる	inform *A* of[about] *B*	0501
564	▢	（距離・時間的に）すぐ近くに	(just) around the corner	0572
565	▢	～を笑う	laugh at ～	0502
566	▢	～を設計する，～を並べる	lay out ～	0522
567	▢	～をそのままにしておく，～に干渉しない	leave ～ alone	0551

568	▢	（期待など）に応える，～に恥じない行動をする，（義務など）を果たす	live up to ～	0516
569	▢	～を軽べつする	look down on[upon] ～	0530
570	▢	～を尊敬する	look up to ～	0555
571	▢	～に移る，～に進む	move on to ～	0509
572	▢	～に過ぎない，～でしかない	nothing more than ～	0579
573	▢	（乗り物）に乗って	on board ～	0580
574	▢	1つずつ	one by one	0588
575	▢	1人当たりの［で］	per capita	0568
576	▢	～に固執する，～を主張する	persist in ～	0544
577	▢	忘れずに～する	remember to *do*	0511
578	▢	AをBと取り替える	replace *A* with[by] *B*	0533
579	▢	（手段など）に訴える，～に頼る	resort to ～	0531
580	▢	（可能性など）を排除する，～を認めない	rule out ～	0535
581	▢	出発する，～を引き起こす	set off (～)	0532
582	▢	（～を）見せびらかす	show off (～)	0519
583	▢	閉鎖される	shut down	0542
584	▢	夜遅くまで起きている	sit up late	0536

585	▢	～はこれくらいにして	so much for ～	0583
586	▢	「～もいれば，…もいる」	some ～, others ...	0596
587	▢	待機する，傍観する	stand by	0513
588	▢	B の代わりに（A を）使う	substitute (*A*) for *B*	0527
589	▢	（～を）つかむ，（～を）捕まえる	take (a) hold (of ～)	0549
590	▢	一休みする	take a break	0510
591	▢	（あえて）危険を冒す	take a risk[risks]	0520
592	▢	～を支配［管理・制御］する	take control of ～	0547
593	▢	～に…を感謝する	thank ～ for ...	0508
594	▢	あべこべに，逆に	the other way around[round]	0586
595	▢	なぜなら～	this[that] is because ～	0597
596	▢	最初に	to begin with	0589
597	▢	A を B に翻訳する	translate *A* into *B*	0517
598	▢	～を試験する，～を試す	try out ～	0546
599	▢	（～を）めくる，（～を）ひっくり返す，ひっくり返る	turn over (～)	0538
600	▢	～をすり減らす［疲れ果てさせる］，すり減る	wear out (～)	0526

PART 2 SECTION 3

601	▢	（場所が）～に富む	abound in[with] ～	0601
602	▢	しばらくたって	after a while	0692
603	▢	総計～になる	amount to ～	0607
604	▢	Bのことで（A（人）に）謝る	apologize (to *A*) for *B*	0602
605	▢	実際は，実を言うと	as a matter of fact	0693
606	▢	次のとおり	as follows	0675
607	▢	～を除いては，～のほかに	aside from ～	0699
608	▢	（名詞の後に置いて）全体としての，一般の	at large	0664
609	▢	手当たり次第に，無作為に	at random	0671
610	▢	思いのままに，随意に	at will	0687
611	▢	AをBのせいにする	attribute *A* to *B*	0650
612	▢	～に有益な	be beneficial to ～	0661
613	▢	～するのに［で］忙しい	be busy *doing*[with ～]	0658
614	▢	～を備えている	be equipped with ～	0660
615	▢	～する傾向がある，～したい気がする	be inclined to *do*	0659
616	▢	～に位置している	be located in ～	0657

617	▢	～に飽きる，～にうんざりしている	be tired of ～	0662
618	▢	（～に対して）責任を負うべきである［責任がある］	be to blame (for ～)	0663
619	▢	（返事として）ぜひとも，必ず	by all means	0689
620	▢	全然～ない	by no means	0669
621	▢	AにBを請求する	charge *A* for *B*	0649
622	▢	AとBを混ぜ合わせる	combine *A* with *B*	0648
623	▢	～を手に入れる	come by ～	0606
624	▢	（法律的に）成人に達する	come of age	0632
625	▢	AをBに接続する	connect *A* to *B*	0611
626	▢	～を隠す，～を取り繕う	cover up ～	0638
627	▢	思い切って～する	dare to *do*	0640
628	▢	BにAをささげる	devote *A* to *B*	0647
629	▢	AをBと区別する	distinguish *A* from *B*	0623
630	▢	～に損害を与える	do harm to ～	0614
631	▢	（～）なしですます	do without (～)	0615
632	▢	AをBと交換する	exchange *A* for *B*	0624
633	▢	～に達しない	fall short of ～	0628

634	▢	自由に〜する	feel free to *do*	0653
635	▢	〜を気の毒に思う，〜に同情する	feel sorry for 〜	0608
636	▢	〜を恐れて	for fear of 〜	0700
637	▢	楽しみのために	for fun	0670
638	▢	〜の利益のために	for the benefit of 〜	0694
639	▢	〜したことを忘れる	forget *doing*	0627
640	▢	これからは（ずっと）	from now on	0685
641	▢	（〜と）連絡を取る	get in touch (with 〜)	0641
642	▢	〜を試してみる	give 〜 a try	0637
643	▢	〜に賛成する	go along with 〜	0603
644	▢	〜しさえする	go so[as] far as to *do*	0629
645	▢	電話を切る，〜を中断する，（壁などに）〜を掛ける	hang up (〜)	0605
646	▢	〜とほとんど関係がない	have little to do with 〜	0630
647	▢	〜を思いつく，〜に出くわす	hit on[upon] 〜	0643
648	▢	もしあれば，もしあるとしても	if any	0676
649	▢	可能であれば	if possible	0673
650	▢	連続して	in a row	0682

651	▢	～の場合には	in case of ～	0698
652	▢	最後に	in conclusion	0691
653	▢	危険で，(～の）危険があって	in danger (of ～)	0667
654	▢	～と調和［一致］して	in harmony with ～	0683
655	▢	ほとんどの場合	in most cases	0668
656	▢	（人の）意見では	in *one's* opinion	0681
657	▢	～に備えて	in preparation for ～	0690
658	▢	内緒で	in private	0679
659	▢	その間に（も），一方（話変わって）	in the meantime [meanwhile]	0686
660	▢	無駄に	in vain	0695
661	▢	～を置き忘れる	leave behind ～	0644
662	▢	～を省く	leave out ～	0625
663	▢	～を失望させる	let ～ down	0656
664	▢	横になる	lie down	0619
665	▢	～を切望する	long for ～	0655
666	▢	目をそらす	look away	0609
667	▢	（気は進まないがどうせなら）～するほうがいい，～してもよい	might (just) as well *do*	0680

668	▢	ダイエット中で	on a diet	0677
669	▢	瀬戸際で	on the edge	0672
670	▢	制御できなくて	out of control	0666
671	▢	（～の）そばを通る	pass by (～)	0639
672	▢	～に借りた金を返す	pay back ～	0616
673	▢	～を選ぶ	pick out ～	0633
674	▢	～を取っておく，～をわきに置く，～を蓄える	put aside ～	0631
675	▢	A を B と見なす	regard *A* as *B*	0612
676	▢	（暴力・脅迫などで）A から B を奪う	rob *A* of *B*	0652
677	▢	（車が）～をひく	run over ～	0604
678	▢	A を B から救う	save *A* from *B*	0613
679	▢	落ち着く，定住する	settle down	0645
680	▢	～に…を案内する	show ～ around …	0636
681	▢	（横に）並んで	side by side	0688
682	▢	～を選び出す	single out ～	0610
683	▢	起き上がる，（寝ないで）起きている	sit up	0620
684	▢	～を整理［整頓］する，～を解決［処理］する	sort out ～	0622

685	▢	～と言えば	speaking of[about] ～	0697
686	▢	（～に）途中で立ち寄る	stop by (～)	0634
687	▢	A に B を供給する	supply *A* with *B*	0651
688	▢	～を疑って	suspicious of ～	0635
689	▢	～を考慮に入れる	take ～ into account	0646
690	▢	着席する	take a seat	0654
691	▢	～を考慮に入れる	take account of ～	0617
692	▢	交替する	take turns	0618
693	▢	その［この］ようにして～	that's[this is] how ～	0684
694	▢	確かに	to be sure	0674
695	▢	それと反対の［に］	to the contrary	0678
696	▢	回転する，意見を変える	turn around	0621
697	▢	逆さまに，ひっくり返って	upside down	0696
698	▢	いわゆる	what is called	0665
699	▢	終わる，～を終わりにする	wind up (～)	0642
700	▢	～を乗り越える	work through ～	0626

PART 3 SECTION 1

701	▢	B のことで A を非難する	accuse *A* of *B*	0732
702	▢	〜の向こう側に	across from 〜	0800
703	▢	A を B に適合［適応］させる	adapt *A* to[for] *B*	0745
704	▢	突然に，不意に	all of a sudden	0773
705	▢	（〜に関して）よくあることだが	as is (often) the case (with 〜)	0798
706	▢	くつろいで	at (*one's*) ease	0770
707	▢	ある距離を置いて	at a distance	0776
708	▢	ぜひとも，どんな犠牲を払っても，何としても	at any cost[all costs]	0781
709	▢	一見したところでは，ひと目で［の］	at first sight	0778
710	▢	〜を欠席する	be absent from 〜	0763
711	▢	〜に熱中している	be absorbed in 〜	0757
712	▢	〜に慣れている	be accustomed to 〜	0760
713	▢	〜を知りたがる，〜に好奇心の強い	be curious about 〜	0764
714	▢	（人）によく知られている	be familiar to 〜	0755
715	▢	B のことで（A に）感謝している	be grateful (to *A*) for *B*	0756
716	▢	〜に無関心［平気］である	be indifferent to[toward(s)] 〜	0753

717	▢	～にとって不可欠である，～になくてはならない	be indispensable for[to] ～	0758
718	▢	～より劣っている	be inferior to ～	0761
719	▢	～することを切望している	be keen to *do*	0752
720	▢	～に満足している	be satisfied with ～	0759
721	▢	～に真面目である	be serious about ～	0762
722	▢	～に適している，（目的など）に合っている	be suitable for ～	0751
723	▢	～を確信している	be sure of[about] ～	0754
724	▢	～することに慣れている	be used to *doing*	0750
725	▢	間もなく	before long	0769
726	▢	予定より遅れて	behind schedule	0783
727	▢	爆発する，かっとなる，～を爆破する	blow up (～)	0736
728	▢	急に～しだす，突然～に入る	burst into ～	0706
729	▢	概して	by and large	0793
730	▢	間違って	by mistake	0771
731	▢	AをBと関連付ける	connect *A* with *B*	0722
732	▢	休日	day off	0795
733	▢	～を処分する，～を平らげる	dispose of ～	0733

734	▢	AをBに分ける	divide *A* into *B*	0746
735	▢	～を廃止する，～を取り除く	do away with ～	0727
736	▢	BにAを寄付する	donate *A* to *B*	0709
737	▢	～を（車などから）降ろす	drop off ～	0710
738	▢	～を使い果たす	eat up ～	0725
739	▢	徐々に消えていく，薄れる	fade away	0719
740	▢	～に頼る	fall back on ～	0737
741	▢	久しく，長い間	for ages	0784
742	▢	さしあたり，当分の間（は）	for the time being	0768
743	▢	一般的に言えば	generally speaking	0794
744	▢	～を乗せてあげる	give ～ a ride	0713
745	▢	スピーチ［演説］をする	give a speech	0739
746	▢	（光・音・においなど）を発する	give off ～	0724
747	▢	破産する	go bankrupt	0712
748	▢	遠くに行き過ぎる，度を超す	go too far	0738
749	▢	しがみつく	hang on	0717
750	▢	～を考えている	have ～ in mind	0743

751	▢	～に苦労する	have difficulty in ～	0740
752	▢	～と関係がある	have something to do with ～	0718
753	▢	～に問題がある，～で苦労する	have trouble with ～	0741
754	▢	あちこちに［で］	here and there	0789
755	▢	遠方に，遠くで	in the distance	0774
756	▢	裏返して，ひっくり返して	inside out	0775
757	▢	今度だけは	(just) for once	0786
758	▢	AにBをさせない，AをBから守る［防ぐ］	keep *A* from *B*	0708
759	▢	（～するほど）ばかなことはしない，（～しないだけの）分別がある	know better (than to *do*)	0720
760	▢	Sが～しないように，Sが～するといけないから	lest *S*+*V*	0797
761	▢	（～を）手放す，（～を）捨てる	let go (of ～)	0702
762	▢	～を回顧［追想］する	look back on[upon / to / at] ～	0715
763	▢	面目を失う	lose (*one's*) face	0716
764	▢	激怒する，かっとなる	lose *one's* temper	0735
765	▢	決断する，決意する	make a decision	0742
766	▢	努力する	make an effort(s)	0749
767	▢	進歩する	make progress	0726

768	☐	AをBと間違える	mistake *A* for *B*	0707
769	☐	Sの予想以上に～	more ～ than *S* expected	0788
770	☐	必ず～する	never fail to *do*	0728
771	☐	(理由を表して) ～のために	on account of ～	0799
772	☐	長々と,延々と	on and on	0791
773	☐	仕事で	on business	0792
774	☐	要求があり次第	on demand	0782
775	☐	きっぱりと,これを最後に	once (and) for all	0785
776	☐	次々に	one after another	0780
777	☐	時代遅れで	out of date	0772
778	☐	不可能で,あり得ない	out of the question	0766
779	☐	AをBに借りている, A (恩・義務など) をBに負っている	owe *A* to *B*	0744
780	☐	(物) を (しぶしぶ) 手放す	part with ～	0729
781	☐	～への道を開く, ～への準備をする	pave the way to[for] ～	0721
782	☐	～が…するのを禁止する [妨げる]	prohibit ～ from *doing*	0748
783	☐	AをBに押し込む, AをBに駆り立てる	push *A* into *B*	0747
784	☐	～を終わらせる, ～をやめさせる	put an end to ～	0704

785	□	～を片づける，～をしまう	put away ～	0714
786	□	～に登録する	register for ～	0730
787	□	（～と）握手する	shake hands (with ～)	0731
788	□	深く座る，傍観する	sit back	0711
789	□	～を控える	stay away from ～	0705
790	□	突き出る，目立つ	stick out	0734
791	□	～に似ている	take after ～	0703
792	□	～ということは疑いない	there is no doubt that ～	0796
793	□	～が驚いたことに	to *one's* surprise	0779
794	□	実を言えば	to tell (you) the truth	0777
795	□	～を試着する	try on ～	0701
796	□	（計画などが）進行中で	under way	0765
797	□	最新（式）の	up to date	0787
798	□	いわゆる～	what we call ～	0767
799	□	注意して	with care	0790
800	□	ぜひ～したい	would love to *do*	0723

PART 3 SECTION 2

801	☐	自分の意に反して	against *one's* will	0894
802	☐	ふつう（は），概して	as a (general) rule	0886
803	☐	とにかく，いずれにしても	at any rate	0884
804	☐	後退する，引き下がる，手を引く	back off	0831
805	☐	～に…するのを禁止する	ban ～ from *doing*	0857
806	☐	～を心配している	be anxious about ～	0868
807	☐	～したがる	be anxious to *do*	0840
808	☐	～を恥ずかしく思っている	be ashamed of ～	0869
809	☐	～が苦手［不得手・下手］である	be bad[poor] at ～	0870
810	☐	～と関係がある，～とつながりがある	be connected with ～	0866
811	☐	～を気にしている	be conscious of ～	0862
812	☐	～で混雑している	be crowded with ～	0839
813	☐	（仕事・目的など）に打ち込んでいる，～に夢中である	be dedicated to ～	0863
814	☐	～にうんざりしている	be fed up with ～	0841
815	☐	（人）につらく当たる	be hard on ～	0865
816	☐	～を知らない	be ignorant of ～	0867

817	▢	～にとりつかれている	be obsessed with ～	0838
818	▢	役に立たない，使いものにならない	be of no use	0872
819	▢	～に嫌気がさしている	be sick of ～	0871
820	▢	～に値する，～にふさわしい	be worthy of ～	0864
821	▢	～に賭ける	bet on ～	0842
822	▢	～行きの	bound for ～	0877
823	▢	（エネルギー［精力・活力］）を使い果たす，燃え尽きる	burn out (～)	0858
824	▢	～を呼び戻す，（～に）折り返し電話する，（後で）（～に）電話をかけ直す	call back (～)	0837
825	▢	～せざるを得ない，～せずにはいられない	cannot help *doing*	0854
826	▢	～の遅れを取り戻す	catch up on ～	0808
827	▢	AをBに変える	change *A* into *B*	0852
828	▢	～を元気づける，元気づく，～を応援する	cheer up (～)	0859
829	▢	～にある	consist in ～	0817
830	▢	AをBに変える	convert *A* into *B*	0853
831	▢	～に…するよう説得する	convince ～ to *do*	0815
832	▢	～に一致する	correspond with ～	0809
833	▢	～の価値［重要性］を持つ	count for ～	0824

834	▢	（商品）を商う，（仕事など）に従事する	deal in ～	0818
835	▢	AをBに捧げる	dedicate *A* to *B*	0830
836	▢	～へたどり着く，～まで道を探しながら進む	find *one's* way to ～	0844
837	▢	～がないために，～の不足のために	for lack[want] of ～	0899
838	▢	無料で	for nothing	0885
839	▢	（仕事・問題など）に本気で取り掛かる	get down to ～	0804
840	▢	講演［実演・（口頭）発表］をする	give a presentation	0820
841	▢	BにAを授与する	grant *A* to *B*	0829
842	▢	手を取り合って	hand in hand	0878
843	▢	～を手放さずにいる	hang on to[onto] ～	0832
844	▢	息を止める,(通例否定文で)(期待して）息をひそめる	hold *one's* breath	0834
845	▢	どうして（～）？	How come (～)?	0891
846	▢	AをBと同一だと考える	identify *A* with *B*	0816
847	▢	～に敬意を表して，～のために	in honor of ～	0900
848	▢	使用中で	in use	0876
849	▢	～なのは当然だ。	(It is) No wonder (that) ～.	0898
850	▢	～と連絡を取り合う	keep[stay] in touch with ～	0846

851	▢	～を開始する	kick off ～	0827
852	▢	～を一時解雇する	lay off ～	0835
853	▢	少しずつ	little by little	0892
854	▢	A を B と見なす	look on[upon] *A* as *B*	0856
855	▢	道に迷う	lose *one's* way	0843
856	▢	音を立てる, 騒ぐ	make (a) noise	0861
857	▢	違いが生じる, 重要である	make a difference	0825
858	▢	間違いをする	make a mistake	0805
859	▢	～をからかう	make fun of ～	0807
860	▢	～の意味を理解する	make sense of ～	0826
861	▢	～すれば必ず…する	never ～ without ...	0882
862	▢	A というより B	not so much *A* as *B*	0890
863	▢	重要な, 重要性のある	of importance	0875
864	▢	～という条件で，～ならば	on (the) condition (that) ～	0887
865	▢	よく考えてみると	on second thought(s)	0895
866	▢	放送中の	on (the) air	0874
867	▢	昔々	once upon a time	0893

868	▢	息切れして	out of breath	0888
869	▢	故障して，順序が狂って	out of order	0881
870	▢	死ぬ	pass away	0810
871	▢	B のことで A を罰する	punish *A* for *B*	0855
872	▢	（人）を見送る	see off ～	0813
873	▢	（人）を呼びにやる，（物）を取りにやる	send for ～	0822
874	▢	～を提出する	send in ～	0823
875	▢	～を始める	set about ～	0833
876	▢	そっと抜け出す，つい口をついて出る	slip out	0848
877	▢	いわば	so to speak[say]	0873
878	▢	遅かれ早かれ，そのうち	sooner or later	0879
879	▢	～を悪く言う	speak ill[badly / evil] of ～	0828
880	▢	割れる，分かれる	split up	0849
881	▢	～を立ち上げる	start up ～	0860
882	▢	（帰らずに）そこらで待つ	stick around[about]	0836
883	▢	～を引き起こす	stir up ～	0811
884	▢	～に屈する，～に服従する	submit to ～	0812

885	☐	～に屈する	surrender to ～	0801
886	☐	昼寝をする	take a nap	0821
887	☐	旅行する	take a trip	0819
888	☐	のんびりと構える	take it easy	0806
889	☐	時間をかけてゆっくりやる，自分のペースでやる	take *one's* time	0845
890	☐	A を B と区別する	tell *A* from *B*	0814
891	☐	それ［これ］は～の理由だ	that's[this is] why ～	0897
892	☐	賛否両論	the pros and cons	0896
893	☐	～を尊敬［尊重］する，～を高く評価する	think highly[much] of ～	0847
894	☐	建築中で，工事中で	under construction	0889
895	☐	（～に）気をつける	watch out (for ～)	0803
896	☐	さらに，それに	what is more	0880
897	☐	必ず，間違いなく	without fail	0883
898	☐	～を無事に終える	wrap up ～	0850
899	☐	返事を書く	write back	0802
900	☐	～に屈する，～に道を譲る	yield to ～	0851

PART 3 SECTION 3

901	▢	最初からずっと	all along	0985
902	▢	～を手配する	arrange for ～	0939
903	▢	～に関する限り	as[so] far as ～ be concerned	0993
904	▢	急に，即座に	at[on] short notice	0992
905	▢	～が豊富である	be abundant in ～	0950
906	▢	一心に耳を傾けている	be all ears	0957
907	▢	～しがちである	be apt to *do*	0948
908	▢	～に飽きている	be bored with ～	0952
909	▢	～に自信がある，～を確信している	be confident of ～	0960
910	▢	～に対して思いやりのある	be considerate of[to] ～	0954
911	▢	～（ということ）を確信している	be convinced of ～	0949
912	▢	～に夢中になっている	be crazy about ～	0958
913	▢	～に失望する	be disappointed with ～	0961
914	▢	～と連絡を取っている	be in contact with ～	0953
915	▢	満開である	be in full bloom	0962
916	▢	～に瀕している	be on the verge of ～	0963

917	▢	～に特有である	be peculiar to ～	0955
918	▢	～に気を取られている	be preoccupied with ～	0959
919	▢	～が怖い	be scared of ～	0956
920	▢	～が不足している	be short of ～	0951
921	▢	まさかと思うような話だが	believe it or not	0973
922	▢	言葉では表現できないほどの［に］	beyond description	0964
923	▢	（語学など）をやり直して磨きをかける	brush up (on) ～	0902
924	▢	（通例疑問文で）もしかして	by any chance	0986
925	▢	いくら～しても…しすぎることはない	cannot ～ too ...	0968
926	▢	（病気）にかかる	come down with ～	0914
927	▢	～のために役立つ	do ～ a favor	0920
928	▢	次第に小さく［暗く］なる	fade out	0943
929	▢	持ちこたえる	hang in there	0944
930	▢	～と共通点が多い	have a lot in common with ～	0926
931	▢	～するよりほかに仕方がない	have no (other) choice but to *do*	0927
932	▢	別の考えを持つ	have second thought(s)	0911
933	▢	そうは言ったものの	having said that	1000

934	☐	～を自由に取る	help *oneself* to ～	0947
935	☐	もし～がなければ	if it were not for ～	0997
936	☐	大急ぎで	in a rush	0974
937	☐	要するに，つまり	in a word	0983
938	☐	手短に	in brief	0995
939	☐	短期的に見れば	in the short run	0990
940	☐	～なのは言うまでもない。	It goes without saying that ～.	0994
941	☐	（ほぼ［とっくに］）～してよいころである。	It is (about[high]) time (that) ～.	0931
942	☐	～しても無駄である。	It is no use *doing*.	0932
943	☐	～から判断すると	judging[to judge] from [by] ～	0971
944	☐	～に近づかない	keep away from ～	0928
945	☐	約束を守る	keep *one's* word [promise]	0921
946	☐	～に遅れずについていく	keep up with ～	0912
947	☐	～を心にとどめておく，～を忘れない	keep[bear] ～ in mind	0937
948	☐	時間をつぶす	kill time	0915
949	☐	～が欠乏する	lack for ～	0945
950	☐	～を暗記する	learn ～ by heart	0938

951	▢	A に B を積む	load *A* with *B*	0940
952	▢	利益を得る	make a profit	0929
953	▢	～と親しくなる	make friends with ～	0930
954	▢	～に間に合う，～に出席する	make it to ～	0923
955	▢	～へ進む，～へ向かう	make *one's* way to ～	0922
956	▢	～のためのスペースを空ける	make room for ～	0933
957	▢	（不利な状況で）～を最大限に利用する	make the best of ～	0934
958	▢	～の埋め合わせをする	make up for ～	0913
959	▢	決心する	make up *one's* mind	0924
960	▢	A を B にちなんで名づける	name *A* after *B*	0907
961	▢	言うまでもなく	needless to say	0972
962	▢	B に劣らないほど A で，B と同じ程度に A で	no less *A* than *B*	0969
963	▢	A するやいなや B する	no sooner *A* than *B*	0979
964	▢	それは～の知ったことではない	none of *one's* business	0989
965	▢	少なくとも～	not less than ～	0980
966	▢	～にほかならない	nothing less than ～	0966
967	▢	当番で，勤務時間中で	on duty	0975

968	▢	予定どおりで，定時に	on schedule	0982
969	▢	増加中で	on the increase	0987
970	▢	手に負えない	out of hand	0967
971	▢	品切れ	out of stock	0965
972	▢	使われなくなって	out of use	0977
973	▢	〜を（後世に）伝える	pass down 〜	0935
974	▢	気絶する，酔いつぶれる	pass out	0903
975	▢	（車など）をわきに寄せる	pull over 〜	0936
976	▢	〜を元通りにする	put 〜 back	0908
977	▢	〜を取ろうと手を伸ばす	reach out for 〜	0916
978	▢	無事に	safe and sound	0991
979	▢	〜によろしくと言う	say hello to 〜	0904
980	▢	〜を払拭する	shake off 〜	0942
981	▢	話をやめる，〜を黙らせる	shut up (〜)	0905
982	▢	〜はどこか調子がおかしい［故障している］。	Something is wrong with 〜.	0917
983	▢	〜の代理をする	stand in for 〜	0918
984	▢	辞任する	step down	0919

985	▢	B について A を疑う	suspect *A* of *B*	0906
986	▢	危険を冒す, 思い切ってやってみる, 賭ける	take a chance	0909
987	▢	～を説得して…させる	talk ～ into *doing*	0941
988	▢	～をずたずたに引き裂く, ～をはぎ取る, ～を分裂させる	tear up ～	0901
989	▢	ひょっとしたら～だろう。, たぶん～だろう。	(The) Chances are (that) ～.	0998
990	▢	「前者は～で, 後者は…」	the former ～, the latter ...	0999
991	▢	～したとたん	the instant (that) ～	0996
992	▢	～しても意味がない	there is no point in *doing*	0970
993	▢	～をよく考える	think over ～	0910
994	▢	大部分は, 大体において	to a large[great] extent	0981
995	▢	残念なことに	to *one's* regret	0984
996	▢	～は言うまでもなく	to say nothing of ～	0976
997	▢	足元に注意する, 慎重に行動する	watch *one's* step	0946
998	▢	次第になくなる	wear off	0925
999	▢	さらに悪いことには	what is worse	0988
1000	▢	喜んで	with pleasure	0978

本書で扱っている英熟語をアルファベット順に掲載しています。
数字は各英熟語の番号を示しています。

A a

A
B
C
D
E
F
G
H
I
J
K
L
M
N
O
P
Q
R
S
T
U
V
W
X
Y
Z

B b

A B C D E F G H I J K L M N O P Q R S T U V W X Y Z

A
B
C
D
E
F
G
H
I
J
K
L
M
N
O
P
Q
R
S
T
U
V
W
X
Y
Z

C c

D d

A B C D E F G H I J K L M N O P Q R S T U V W X Y Z

E e

F f

G g

A B C D E F G H I J K L M N O P Q R S T U V W X Y Z

H h

I i

Jj

Kk

A B C D E F G H I J K L M N O P Q R S T U V W X Y Z

A B C D E F G H I J K **L** **M** N O P Q R S T U V W X Y Z

L l

M m

N n

O o

A B C D E F G H I J K L M N **O** **P** Q R S T U V W X Y Z

Tt

A B C D E F G H I J K L M N O P Q R S T U V W X Y Z